Weisungen der Väter — Band 2

Herausgegeben von
Gabriel Bunge OSB und Jakobus Kaffanke OSB

Sophronia Feldhohn OSB · Jakobus Kaffanke OSB

SICH TÄGLICH DEN TOD VOR AUGEN HALTEN

Weisungen der Väter
Band 2

Sophronia Feldhohn OSB · Jakobus Kaffanke OSB

SICH TÄGLICH DEN TOD VOR AUGEN HALTEN

Sterbeberichte früher Mönche und Nonnen

Eingeleitet und übersetzt von Sophronia Feldhohn OSB,
neu bearbeitet von Jakobus Kaffanke OSB

2. verbesserte Auflage

Beuroner Kunstverlag

Impressum
Gestaltung und Herstellung:
Präsenz Medien, Gnadenthal
Martina Heuer
Druck: Mariannhiller Missionsdruckerei, Reimlingen

Originalausgabe, 1. Auflage 2006
2. verbesserte Auflage 2010
Umschlagbild: Ismini Petzolt

ISBN 978-3-87071-137-5

Warum überhaupt reden von seinen geistlichen Erfahrungen, warum davon künden und schreiben? Ist die Mit-Teilung geistlicher Erfahrungen nicht zu gefährlich, einerseits im Missverstandenwerden durch den Hörenden, andererseits im Wichtigtun, in der Selbstüberhebung des Sprechenden? Wovon das Herz voll ist, davon läuft der Mund über, sagt ein Sprichwort, und das trifft ziemlich genau die Situation des Gottsuchers, der einen Eindruck SEINER liebenden Nähe erfahren hat. Er möchte künden, weitersagen, entzünden, anspornen, warnen oder ermutigen. Von Heiligem zu künden, unterliegt dem Gesetz, dass die Unähnlichkeit des Gesagten zum Geschauten und Erfahrenen größer ist als die Ähnlichkeit. Und darüber sind sich alle geistlichen Schriftsteller im Klaren, vom Eigentlichen kann nur in Analogien und in Bildern gesprochen werden. So ist es eine unerschöpfliche Aufgabe, den Suchenden und Sehnsüchtigen auf den WEG zu bringen, auf diesem WEG zu begleiten durch die vermittelten Erfahrungen derjenigen Vorläufer, die sich der Mühe unterzogen haben, ihren WEG zu beschreiben und die darin eine Kunstfertigkeit der Bilder und Melodien entwickelt haben.

Hier an diesem Punkt nun setzt das Anliegen unserer neuen Reihe an. In den „Beuroner Schriften zum Mönchtum“ sollen Weisungen der Väter und Mütter wieder oder erstmalig im Deutschen zugänglich gemacht werden, Weisungen, die den christlichen WEG zum Thema haben. Jesus von Nazareth sagt von sich, dass er selber der WEG sei. Wenn wir zu ergründen suchen, was damit gesagt ist, dann leuchtet uns auf, dass in Jesu Person und seinem Lebensschicksal auch das Geheimnis des Weges unseres eigenen Lebens verborgen ist. Den WEG gehen, das Leben so leben, dass es an sein Ziel kommt und zur Erfüllung gelangt, ist bei aller Nüchternheit und Pragmatik des Alltags der Horizont der Sehnsucht des Menschen.

Für Mönche und Nonnen des 21. Jahrhunderts stellt sich die Frage, wie wir ohne Wenn und Aber dieser Sehnsucht und Verheißung entsprechend leben können. Die Kirche und ihre Orden scheinen sich in Europa in einer Krise zu befinden. Einerseits sind die Klöster und geistlichen Häuser materiell relativ gut ausgestattet. Die Ordensleute sind oft gut ausgebildet, fachlich versiert und qualifiziert. Die moderne Theologie wurde weitgehend adaptiert, die Pastoral übernommen. Andererseits wächst das geistliche Suchen der Menschen – auch außerhalb der Kirche – nach Vertiefung und Verinnerlichung, nach spirituellen Wegen, die das Leben aus der Vernutzung und Verflachung herausführen. Es wächst der Ruf nach geistlicher Begleitung und Führung. Hier wenden sich viele Menschen an Klöster und geistliche Personen.

Der Heilige Ordensgründer Benedikt von Nursia (ca. 480–560) ist noch ein Mensch der Spätantike, erzogen in den Tugenden einer römischen Familie. Wenn man die Grunddokumente des „Benediktinischen Weges" – die Regel Benedikts und die Vita Benedicti Gregors des Großen – aufmerksam liest und auswertet, wird man schnell feststellen, dass beide Texte ganz und gar der älteren Tradition monastischen Schrifttums, entstanden ab 250, verpflichtet sind. Dieses Schrifttum entstand in den Mönchslandschaften des östlichen Mittelmeerraumes, näherhin in Syrien, Palästina, vor allem aber in Ägypten. Die Sprache dieser Texte ist zumeist Griechisch, jedoch wurden sie schon sehr bald ins Lateinische übersetzt, sodass Benedikt eine ganze Reihe der wichtigsten spirituellen Schriften auch in Latein vorfand und studieren konnte. Zur Regula Benedicti gibt es seit langem einen immer dichter werdenden Nachweis nicht nur der Bibelstellen, sondern auch der Väterzitate. Schaut man sich die entsprechende Übersicht in der neusten Regelausgabe der Salzburger Äbtekonferenz an, so kann man leicht sehen, woher Benedikt einen Großteil seiner Anregungen nahm. Leicht fällt ins Auge, dass über Johannes Cassian, der mit einer Überfülle von Zitaten vertreten ist, der „Theologe der Wüste" Evagrios Pontikos und mit ihm die Weisheit des ägyptischen Mönchtums einen großen Einfluss auf den abendländischen Mönchsvater ausübte. Vor dem Hintergrund dieser Einsicht verwundert es nicht, dass Benedikt im 73. Kapitel, dem letzten seiner Regel, darauf verweist, dass die Mönche auf ihrem weiteren Weg der Reifung bei den Schriften und Lebensbeschreibungen der Hl. Väter – erwähnt werden der Hl. Basilius und die Werke des Johannes Cassian – Orientierung und Vertiefung zu suchen hätten. Diese Worte sollten sehr viel ernster als bisher genommen werden, sie sollten wörtlich interpretiert werden. Hier tritt die Leitidee zur Herausgabe dieser Schriftenreihe ins Licht; es geht den Herausgebern darum, einerseits die tiefe und entscheidende Verwurzelung des Benediktinischen Mönchtums im ägyptischen und syrischen Mönchtum zu benennen, andererseits die Quellschriften des lateinischen Mönchtums und somit Benedikts in gut lesbaren und leicht zugänglichen Ausgaben zur Verfügung zu stellen. Das Vorhaben, das nun auf den Weg gebracht wird, könnte man auch die Rekonstruktion der „Bibliothek Benedikts" nennen. Dies jedoch nicht in einem engeren, streng wissenschaftlichen Sinne, sondern als das geistliche Milieu, aus dem Benedikt schöpfte und aus dem er lebte.

Die Wiederbegründung des benediktinischen Mönchtums im Europa des 19. Jahrhunderts knüpfte im Zuge der romantischen Bewegung, die sich vornehmlich an der mittelalterlichen Geistesgeschichte orientierte, fatalerweise an der cluniazensischen Klosterreform an. Damit war einem eher wissenschaftlichen, klerikalisierten und liturgisch geprägten Mönchtum Vorrang eingeräumt. In der jetzigen Krisis von Kirche und Orden in Europa kann nur eine Rückbesinnung und Rückgewinnung der Wurzeln und Quellschichten der monastischen Bewegung zu einer hoffnungsvollen und gesunden Erneuerung führen. So gesehen scheint eine Erneuerung nur möglich in der radikalen Rückbesinnung und Wiedergewinnung des ursprünglichen monastischen Grundgedankens und der Intention des Anfangs. Diese durch viele Jahrhunderte mit dem Geröll weltlicher, kirchlicher und klösterlicher Geschichte zugedeckten Grundschichten müssen freigelegt und neu belebt werden. Die „Weisungen der Väter" und mancher „Mütter" gilt es neu zu Gesicht zu bekommen, zu meditieren und entsprechend zu beherzigen.

In dem vorliegenden 2. Bändchen unserer Reihe greifen wir einen Text auf, den die Hersteller Benediktinerin Sophronia Feldhohn vor fast 50 Jahren herausbrachte. In der Reihe „Alte Quellen neuer Kraft", konzipiert von P. Emmanuel von Severus und P. Thomas Michels, Mönche der Abtei Maria Laach, erschien 1964 im Patmos Verlag ihre Schrift *Siehe da bin ich. Das Zeugnis heiliger Väter und Mönche von der letzten Stunde*. Der Umfang dieser Ausgabe wurde etwa um die Hälfte verkleinert, ein Teil der Einführung, der Zeugnisse christlichen Sterbens und die Anmerkungen wurden weggelassen. Der Leitgedanke von Schwester Sophronia wurde jedoch übernommen und soll in dieser bearbeiteten Neuauflage dem Leser erneut vorgelegt werden. Ihrer eindringlichen Hinführung zu den zentralen Vorstellungen von Tod und Sterben allgemein und den genuin christlichen Glaubensvorstellungen andererseits ist an dieser Stelle nichts hinzuzufügen, vielmehr sind sie ohne große Ergänzungen weiterhin gültig. Die vielfältig gestalteten Sterbeberichte sind dabei in chronologischer Reihenfolge geordnet, wobei die verschiedenen Mönchslandschaften im griechischen Osten und lateinischen Westen nebeneinander zu stehen kommen. Dadurch entsteht ein weiter Horizont der noch ungeteilten Christenheit, deren wachsende Einheit auch ein Mönchtum zu fördern und zu festigen vermag, das sich dieser noch ungeteilten Anfänge bewusst ist und versichert. Sicher kann aus der dankbaren Anerkennung der Leistungen des östlichen Mönchtums für das Werden und Wachsen im lateinischen Westen einerseits der geschichtlichen Wahrheit entsprochen, andererseits die dringend notwendigen Kräfte für die Erneuerung der monastischen Orden der römischen Kirche gewonnen werden.

Jakobus Kaffanke OSB
Beuron, Ostern 2006

Kapitel I

Das Mysterium des Todes

Sophronia Feldhohn OSB

1. Tod ohne Gott

Der Weg der Menschheit kommt aus unbekannten Fernen und führt wieder ins Unbekannte. Noch immer liegt Dunkel über ihren Ursprüngen; ja es ist sogar, als zögen sich mit unseren wachsenden naturwissenschaftlichen und vorgeschichtlichen Erkenntnissen die eigentlichen Urgründe des Menschlichen nur noch tiefer in ihre Verborgenheit zurück. Der optimistische Glaube, der Natur bald ihr letztes Geheimnis entreißen zu können, heute Allgemeingut breiter Volksschichten, ist bei den führenden Geistern längst einer zurückhaltenderen Beurteilung unseres noch sehr bruchstückhaften Wissens gewichen. Noch dichter ist uns der Blick in die Zukunft verhängt; und ob man mit den Pessimisten der Welt einen nahen Untergang prophezeien will oder mit den Fortschrittsgläubigen ein Paradies auf Erden am Horizont der Zeit aufdämmern sieht: das eine ist wie das andere ein Traum, für dessen Erfüllung niemand einstehen kann. Im gleichen Dunkel liegen Ursprung und Ziel jedes einzelnen. Wenn der junge Mensch zu bewusstem Leben erwacht, sieht er sich bereits mitten auf einem Wege, dessen Anfang und Ziel er nicht kennt. Alles, was ihn umgibt, ist in unaufhörlichem Fluss. Wohl erscheint ihm zunächst das Gesamt der Welt als ewig; doch er muss sehr bald erfahren, dass sie in all ihren Teilen ständigem Wechsel und schließlich der Vergängnis unterworfen ist. Er muss auch erfahren, dass er selbst veränderlich und begrenzt ist wie sie. Im Unterschied zu allen anderen Wesen, die er kennt, kann der Mensch es sich jedoch nicht am fraglosen Genuss seines Daseins genügen lassen. Er sucht im Strom des Werdens und Vergehens ein Bleibendes, im Vergänglichen ein Unvergängliches. Ein innerer Zwang nötigt ihn, nach dem Sinn seines Seins zu fragen; und in irgendeiner Weise muss er im Hier und Jetzt zugleich auch Ursprung und Ziel gegenwärtig haben, wenn er sich selbst verstehen will. Er kann sich nur als ein Ganzes begreifen und nur aus der Schau des Ganzen sein Leben menschlich führen. Schon aus dem kleinen Kind brechen früh die großen Menschheitsfragen hervor, die ihm mit seinem Menschsein eingeboren sind: Wo war ich, ehe ich auf die Welt kam? Wohin sind die gegangen, die tot sind? Schon diese ersten Fragen schließen sehr viel mehr ein als nur das schlichte Suchen nach Anfang und Ende des eigenen kleinen Daseins; sie lassen deutlich eine frühe Ahnung von der Unzerstörbarkeit des menschlichen Ich erkennen. „Wenn ich als junger Mensch durch die Straßen der Städte ging", schreibt Franz Werfel einmal[1], *„da war mir's, als müsst ich all diese dahinhastenden Leute mit ihren stumpfen Gesichtern festhalten und ihnen zuschreien: So bleibt doch stehen und denkt einmal nach und kostet es aus, dieses ungeheure Woher – Wohin – Warum!"* Die irdische Wirklichkeit, in die der Mensch ohne sein Zutun hineingeboren wurde, gibt ihm indes auf sein Fragen nach dem Woher und Wohin seines Weges keine Antwort, die über die irdische Spanne vom Mutterschoß bis zum Schoß der Erde hinausreichte; und doch bleibt der Mensch in seinem ganzen Sein Fragment, solange er diese Antwort nicht findet.

Es ist eine tiefe Tragik unserer Zeit, dass durch unsere Bemühungen um das Selbstverständnis des Menschen zwar unsere Kenntnis der Einzelelemente gewachsen, das Ganze selbst dagegen mehr und mehr unserem Blick entschwunden ist. Wohl sind wir heute wieder auf die Suche nach diesem verlorenen Ganzen gegangen; aber zugleich mit seinem Glauben an Gott hat der moderne Mensch den Schlüssel zu seinem eigenen Wesen verloren. Er, der sich nicht mehr als Geschöpf Gottes begreifen kann, hat auch kein Ziel mehr, dem sein Leben zugeordnet wäre, wodurch es sich erst zum Ganzen rundete. Damit hat er jedoch auch die echte Macht über die Gegenwart, den blitzartig erhellten und ihm jäh wieder entgleitenden Ausschnitt aus der unaufhörlich fließenden Wirklichkeit, über den allein er verfügt, weitgehend eingebüßt. Die gewaltigen Erfolge der Wissenschaft, der Technik und der Zivilisation und nicht weniger die fast unbegrenzten Möglichkeiten, das Leben zu genießen, täuschen ihn nur allzu leicht über dieses Verhängnis hinweg; denn sie spiegeln ihm eine Macht und Erfülltheit vor, die er tatsächlich nicht besitzt. Unaufhörlich dringt durch tausend Poren die Außenwelt in ihn ein und nimmt all seine Kräfte und seine ganze Aufmerksamkeit so völlig in Anspruch, dass er nicht mehr fähig ist, sich auf sich selbst und seine eigentliche Bestimmung zu besinnen. So kommt es ihm meist nicht einmal zum Bewusstsein, dass ihn gera-

1 *Franz Werfel*, Der veruntreute Himmel (1948), S. 356.

de das, was ihm scheinbar zum höchsten Triumph über Welt und Leben verhilft, seiner eigentlichen menschlichen Würde beraubt. Er, der für die Ewigkeit Bestimmte, zieht sich ganz in die engen Grenzen seiner irdischen Befangenheit zurück, und seinem Leben fehlt der große Entwurf, der es zu einem ganzen und wahrhaft menschlichen Leben machte.

Die Drohung eines unberechenbaren Endes indes, die beständig über diesem Leben hängt und unablässig bereit ist, es von einem Augenblick zum anderen in Frage zu stellen, kann zwar zeitweilig durch lärmende Geschäftigkeit oder intensiven Lebensgenuss übertönt und sogar verneint werden; aufheben kann sie niemand. Denn allem Lebendigen ist der Tod eingeboren; er wächst mit ihm zusammen auf von der ersten Stunde an und lässt es nicht los, bis er es in sich hineinverwandelt hat. Er ist die Kraft, die das Seiende auf seinem Wege unwiderstehlich vorwärtstreibt. Das untrennbare Miteinander dieser beiden Gewalten bedingt einen ewigen Kampf, der immer mit der Niederlage des Lebens endet. Darum reagiert das Lebendige mit Angst auf die Drohung des Todes, die Verneinung, Leere, Nicht-Sein bedeutet.

Wenn auch dem Tier der Instinkt zur Erhaltung seiner Existenz in einer ähnlichen, ja vielleicht noch eindeutigeren Weise eingepflanzt ist als dem Menschen, so dass es im Augenblick der Gefahr vor dem Ausgelöschtwerden zurückschreckt, unterscheidet es sich dennoch wesentlich vom Menschen. Es weiß grundsätzlich nicht um seine Vergänglichkeit; und deshalb ist sein Leben nicht in der Weise von der Todesangst gezeichnet wie das Leben des Menschen. Der Mensch muss als ein Wissender immer von neuem, von der Todesangst gestachelt, die Auseinandersetzung mit der brennendsten aller Fragen auf sich nehmen. Von diesem Zwang ist niemand ausgenommen; jedem wird persönliche Entscheidung abgefordert. Selbst die Verweigerung der Entscheidung ist in sich schon eine Entscheidung. Wer aber wahrhaft menschlich leben und sterben will, dem genügt es nicht, um die unabänderliche Tatsache seines Todes zu wissen und sich damit abzufinden, sondern er muss darüber hinaus auch nach dem Sinn dessen fragen, was ihm im Sterben widerfährt. Denn mit dem Sinn oder Unsinn seines Sterbens steht und fällt die Sinnerfüllung seines gesamten Lebens.

Doch alle Versuche, das Problem des Todes rein innerweltlich zu lösen, scheitern im Grunde schon an dem Widerstand, den das Seiende der Vernichtung entgegenbringt. Sie können die tiefe Trauer, von der alles Vergehen, besonders aber das Sterben der Menschen, überschattet ist, nicht gültig erklären, geschweige denn bannen. Der sterbende Mensch kann sich über sein persönliches Todesschicksal nicht in dem Bewusstsein beruhigen, dass er ein bleibendes Werk hinterlässt, auch nicht in dem Gedanken an ein Fortleben in Kindern und Kindeskindern oder an ein Aufgehen in einem unbewussten Seinsgrund. Ebenso wenig hilft ihm in dieser Stunde das Goethesche Bekenntnis zur Weisheit der Natur, für die der Tod nichts anderes ist als *„ein Kunstgriff, um viel Leben zu haben"*, oder das trotzige *„Dennoch"*, mit dem nach der Lehre des heutigen Existentialismus das Ich an der Todesmauer noch einmal hoch aufschäumt, ehe es für immer zerschellt. Keiner dieser Lösungsversuche hält stand an der unerbittlichen Schwelle des Todes; und auf sie alle antwortet das Menschenherz mit der alten, von der Schwermut des antiken Menschen durchtränkten Klage des Achill in der Welt der Schatten: „Tröste mich nicht über den Tod hinweg!"[2].

Denn wie das Leben des Menschen sich nicht im rein Naturhaften erschöpft, so ist für ihn trotz aller äußeren Ähnlichkeit auch der Tod etwas völlig anderes als für irgendein anderes Lebewesen, das wir kennen. Was den Tod für ihn so schrecklich macht – ganz gleich, ob der einzelne sich dessen bewusst ist oder nicht –, sind nicht allein die damit verbundenen Schmerzen und Leiden körperlicher wie seelischer Art, nicht der Abschied von allen und allem, nicht einmal der Verlust des geliebten leiblichen Lebens an sich, sondern eine weit entscheidendere Entfernung vom Leben, die ihn im Tode bedroht und deren allein der Mensch fähig ist: die äußerste Entfernung vom Leben schlechthin, von Gott, der das Leben und die Wirklichkeit ist. Das Nichts, vor dem der sterbende Mensch zurückbebt, ist nicht das gute oder doch wenigstens gleichgültige Nichts des bloßen Nichtmehr-Daseins, einem tiefen, traumlosen Schlaf etwa vergleichbar, aus dem es kein Erwachen mehr gibt – ein solcher Schlaf wäre doch wirklich manchem Leben vorzuzie-

2 *Homer*, Odyssee XI, S. 488.

hen! –[3]; sondern es ist das böse Nichts, die absolute Verneinung des Seins, der Widerpart des ewigen Gottes. Es bedeutet ein Existieren müssen ohne Sein, weil ohne Gott; denn „Gott ist kein Gott der Toten, sondern der Lebenden“ (Lk 20,38). Etwas von dieser Gottesferne wird im Tode sichtbar; er ist nichts anderes als die letzte Konsequenz jener frei gewollten und selbst gewählten Abkehr des Geschöpfes von seinem Urgrund, dem lebendigen Gott, die sich in der Sünde vollzog und immer wieder vollzieht (vgl. Gen 3). Wenn wir heute auch nicht mehr viel von Sünde wissen wollen, weil wir nichts mehr von Gott wissen wollen, so ist dennoch sie der eigentliche „Stachel“ des Todes, der ihn hart und bitter macht; sie ist es, die unsere Todesfurcht im tiefsten Grunde meint.

Darum also, weil der Tod für den Menschen keine rein natürliche, mit seiner naturhaften Existenz von selbst gegebene Angelegenheit ist, kann diese Welt auch keinen Trost im Angesicht des Todes geben. Keine irdische Verheißung und keine noch so heroische Ergebung reichen aus, den Menschen über den Tod hinwegzutrösten. Der Wille zu einem bleibenden, ganz persönlichen, seiner selbst bewussten und mächtigen Leben kommt aus den innersten Tiefen seines Wesens; und er wäre das zwiespältigste und unseligste aller Geschöpfe, eine Fehlgeburt der Natur, wenn seinem elementaren Verlangen nach personhafter Fortdauer keine Wirklichkeit entspräche. Er ist in Wahrheit nicht zum Tode, sondern zum Leben bestimmt; und er begibt sich freiwillig seiner eigentlichen Würde, wenn er sich mit einem geringeren als einem ewigen Leben zufrieden gibt. Dabei bedeutet die Ewigkeit dieses angestrebten Lebens mehr als nur ein rein zeitliches Nicht-mehr-Aufhören; sie meint vielmehr eine ganz andere, neue Qualität des Seins. Dieser ungeheure Anspruch, noch durch sein Zerrbild, die Todesfurcht, bezeugt, ist der spontane Ausdruck des spezifisch menschlichen, mit keinem anderen irdischen Wesen geteilten Adels, der unmittelbaren Zuordnung des Menschen zum Leben schlechthin, zu Gott. Nur Gott kann darum den unersättlichen Lebenshunger des Menschen restlos und für Zeit und Ewigkeit stillen; alle Versuche, ihn mit irgend etwas anderem abzuspei-

---

3 Vgl. *Platon*, Apologie des Sokrates, 40 D/E.

sen, führen auf die Dauer nur zu Ekel, Überdruss und innerer Leere. Wird dem Menschen Gott, der einzig wirkliche und tragende Existenzgrund, genommen, so stürzt er unrettbar ins Bodenlose; und es bleibt ihm, wenn er dem Nichts ins Auge zu schauen wagt, nur die nackte Verzweiflung.

Es ist darum kein Zufall, dass in unserer Zeit, die weitgehend den Menschen nicht mehr als Geschöpf und Bild des lebendigen Gottes zu begreifen vermag, die Angst vor dem Nichts so ungeheure Ausmaße angenommen hat. Der Mensch hat tatsächlich keine andere Wahl; wenn er nicht mehr im Tode in die Hände Gottes fallen will, aus denen er hervorgegangen ist, so bleibt ihm nur der Sturz ins Nichts. Da aber kein Mensch im Anblick des Nichts leben kann, ergibt es sich ganz von selbst, dass er mit aller Anstrengung seinen Blick von dem Ende abwendet, dem er gegen seinen Willen unablässig entgegengeht, und sich auf der Wegstrecke, die für kurze Zeit sein ist, einrichtet, so gut und solange es eben gehen will. Freilich ist das Erwachen um so furchtbarer, wenn der unerbittliche Tod nur noch als Be-Ender, nicht mehr als Voll-Ender nach einem solchen Menschen die Hand ausstreckt und die ungeheure Leere, die sich vor ihm auftut, zurück wirkend auch noch das ganze vergangene Leben zu verschlingen droht.

In dem schon einmal zitierten Roman „Der veruntreute Himmel“, der um die Frage nach dem personalen Fortleben des Menschen kreist, legt Franz Werfel den Finger auf diese brennende Wunde, an der viele von uns heute kranken. Der jähe Tod eines mitten aus übermütigem Lebensüberschwang herausgerissenen jungen Menschen stürzt die Angehörigen, die dem furchtbaren Ereignis keinen Sinn abzugewinnen vermögen, in dumpfe Ratlosigkeit und Verzweiflung. Als sich schließlich bei dem Vater des Toten die erste Erstarrung des Schmerzes löst, bricht er in das bittere Bekenntnis aus: *„Weißt du, warum wir modernen Menschen so gottverdammt sind? Mit dem Leben kommen wir alle glänzend aus, ekelhaft glänzend ... Mit dem Gegenteil dort oben im Zimmer aber kommen wir nicht aus, lieber Theo, keiner von uns ... keiner... Ich kann sie nicht lernen ... die Aufgabe dort im Zimmer oben ... Ich kann nicht ...“* Und warum kann der moderne Mensch die *„Aufgabe nicht lernen“*, die der Tod ihm stellt? Die Antwort, die der Dichter auf diese Frage gibt, kommt aus tiefer und schmerzlicher Erfahrung: *„Wir modernen Men-*

schen ... waren angesichts des größten Ereignisses in unserem Leben wahrhaftig nicht in Form. Wir standen dem Angelpunkt alles irdischen Geschehens haltlos, unordentlich, verschlampt, unsicher, schattenhaft, passiv und feig gegenüber ... Wir klammerten uns mit ausgelöschten Seelen an überlieferte Bräuche aus gedankenreicherer Zeit, um unsere Toten nicht sang- und klanglos verscharren zu müssen, wie sie und wir es verdient hätten" [4].

In dieser ergreifenden und aufrüttelnden Szene hat Werfel dem Menschen seiner Zeit ein schonungsloses, aber wahrhaftiges Bild seiner Situation angesichts des Todes vor Augen gestellt und das geheime Elend aufgedeckt, an dem wir alle unter der Hülle äußeren Wohlstandes und scheinbarer Sicherheit zutiefst leiden. Die Not, nicht mehr richtig sterben zu können, ist von all unseren Nöten vielleicht die bitterste und leidvollste, weil sie die ganze Bedrohtheit unseres inneren Seins bezeugt, die wir uns so gern verhehlen. Dabei fehlt es gerade in unserer Zeit nicht an Zeichen für die unentrinnbare Übermacht des Todes, die an Eindringlichkeit nichts zu wünschen übriglassen.

Kaum jemals in der blutigen und schmerzensreichen Geschichte der Menschheit sind die Menschen in solchen Massen dahingerafft worden wie heute. Doch die ungeheuren Zahlen der von Kriegen und Revolutionen Verschlungenen, von Erdbeben, Seuchen, Hunger und Elend Dahingerafften oder politischem Terror zum Opfer Gefallenen nötigen uns kaum noch mehr als ein Stirnrunzeln ab – gottlob, wir leben noch! Unsere Kranken aber leiden in den verschwiegenen Mauern der Krankenhäuser, fern von den Gesunden, still zu Ende; und die Sterbenden rollen wir in ihrer letzten Stunde in einen abgelegenen Raum, wo niemand Zeuge ihres Verscheidens ist, und lassen sie mit ihrer Todesnot allein. Schließlich müssen auch noch die Leiber der Toten dem Betrug dienen, mit dem die Überlebenden sich über die Endgültigkeit und Unerbittlichkeit des Todesgeschehens hinwegzutäuschen suchen: Unter Blumen gebettet, nicht selten sogar mit künstlichen Mitteln für eine Weile noch in unversehrter Frische erhalten, als sei Leben und Atem in ihnen, lassen sie keinen ernsten Gedanken an den Zerfall aufkommen, der sein Werk an ihnen zu tun begonnen hat. Die Vollendung dieses Zerstörungswerkes deckt ohnehin barmherzig die Erde zu.

4 *Franz Werfel*, a.a.O., S. 111.

Die Lebenden aber haben sehr bald wieder mit ihrer Plage genug – und der eigene Tod ist noch fern.

Während die weitaus meisten Menschen auf solche Weise so lange wie eben möglich und mit allen zu Gebote stehenden Mitteln die Entscheidung, die der Tod ihnen abfordert, hinausschieben, gibt es andere, deren Schicksal es zu sein scheint, ein Leben lang die Todesfurcht in ihrer ganzen lastenden Schwere fühlen und tragen zu müssen, ohne sie doch bewältigen zu können. Sie sind von Angst bis zur Verzweiflung tödlich versehrt. Das ganze Leben ist ihnen durch diese Furcht vergiftet, einem bitteren Brunnen ähnlich, dessen Wasser niemandem zu Heil und Erquickung dient; und vielleicht kann das Ausmaß ihrer Leiden keiner ermessen, dem der Mut fehlt, in den Abgrund zu blicken, an dem sie ausharren müssen. Sie leiden aber, so will es uns scheinen, stellvertretend und zeichenhaft für uns alle; denn sie sind wie eine leibhaftige Verkörperung unserer Gottesferne. Und doch sind sie weit glücklicher als jene, die über sie lachen. Denn in ihnen brennt noch der Schmerz einer Wunde, von der viele schon nicht mehr wissen. Sie leiden; aber solange sie leiden, bleibt ihnen eine letzte Hoffnung, auch wenn sie selbst jede Hoffnung aufgegeben haben: die Hoffnung jener, deren Schmerzen nach dem Arzt schreien, der sie heilen kann.

2. Licht in Christus

Und der rettende Arzt ist nicht fern. Gerade die tiefe Bedrohtheit des Menschen, die Gefahr der Zerstörung seines Daseinssinnes durch ein sinnloses Ende und sein absolutes Unvermögen, den Tod aus eigener Kraft zu überwinden, gerade diese seine äußerste Ohnmacht ist die Macht, die das Erbarmen Gottes ruft und unwiderstehlich anzieht. Gott fand aus der ausweglosen Enge einen Ausweg, den Menschenweisheit niemals ersonnen hätte. Es ist ein Weg durch letzte Abgründe. In nichts anderem hat sich der Gott der Offenbarung so sehr als der „ganz Andere", der Unerforschliche und Unbegreifliche erwiesen wie in der Weise, durch die er sein Geschöpf Mensch dem Tode entrissen hat. Wir, die wir aus uns immer nur das Gute, Heile, Lebendige und Erfüllte suchen, werden nie begreifen, warum sich Gottes Fülle in unsere Leere ergießen, seine Wärme unsere Kälte brechen und sein Leben unseren Tod überfluten will. Wir werden nie begreifen, warum wir ihn nicht finden auf der Höhe unserer Erkenntnis, unserer Kraft und Leistung, wohl aber auf dem Grunde unserer tiefsten Not. Denn dorthin ist er uns nachgegangen in einer Selbstentleerung, einer Entäußerung von aller göttlichen Wesensherrlichkeit, die menschliches Fassungsvermögen übersteigt. Dort wartet er auf uns mit der stillen und doch allmächtigen Geduld, die dem göttlichen Wirken im Gegensatz zu der lauten Ohnmacht alles Menschentuns eigen ist, bereit, jedem ein Leben ohne Maß und Grenzen zu schenken, der aus seiner Hand empfangen will, was ihm aus eigener Machtvollkommenheit verwehrt ist. Er wartet auf alle, auf die Gläubigen und die Ungläubigen, die Bekümmerten und die Unbekümmerten, die Oberflächlichen und die Verzweifelten. An keinen Zeitgeist gebunden, bricht er in jedes Menschenherz ein, das sich ihm öffnet – und sollte es auch erst dem harten Zugriff des Todes gelingen, es aufzusprengen. Wenn es sich nur öffnet, öffnet für ihn! Denn keiner ist von seinem Erbarmen und von seinem Leben ausgeschlossen, wie keiner ausgenommen ist vom leiblichen Tode.

Wir könnten um diese Liebe Gottes in Ewigkeit nicht wissen, wäre sie uns nicht offenbar geworden in Jesus Christus, dem fleischgewordenen göttlichen Erbarmen. In einem Menschenleib hat der Sohn des ewigen Vaters Menschenschuld und Menschenschicksal auf sich genommen und bis in ihre bitterste Tiefe durchlitten, um sie so für immer zu überwinden. Er hat den Tod nicht dadurch entmachtet, dass er ihn abschaffte, sondern dadurch, dass er ihn annahm. Die Macht des Todes ist also schon gebrochen, seit sie sich tödlich verausgabte am Leib des einen und einzigen, der zugleich sterblich und unsterblich war; und die Herrschaft des Todes speist sich allein noch aus der Machtfülle, die wir selbst ihr unberechtigt einräumen. Es scheint heute vielfach so, als hätten auch wir, die wir uns noch Christen nennen, das vergessen. Oder wissen wir wirklich noch lebendig um den Jubel der Urkirche, der doch immer noch in den Triumph- und Siegesliedern der Kirche auch unserer Tage zittert, wenn sie singt: „Gestorben ist der Tod – damals, als das Leben starb“[5], oder: „O Tod, ich werde dein Tod sein; dein Biss werde ich sein, Unterwelt“?[6]. Nein, wenn wir wirklich wüssten, in der innersten Tiefe unseres Wesens wüssten, dass sich in Christus das Schicksal der Welt, unser Schicksal, endgültig entschieden und zum Leben gewendet hat, wir würden den Tod nicht mehr fürchten „wie jene, die keine Hoffnung haben“ (1 Thess 4,13), sondern voll Freude ausschauen nach jenem Leben, das wir jenseits der Todesschranke erwarten. Statt dessen aber meiden auch wir den Blick auf das Ende und richten uns unterwegs, im Diesseitig-Vorübergehenden, so häuslich ein, als ob wir ewig hier bleiben wollten – oder als ob es doch auf alle Fälle sicherer sei, wenigstens alle Möglichkeiten dieses vergänglichen Lebens auszukosten.

Und doch hat das Leben des Christen durch seine Einbeziehung in Christus schon jetzt eine neue Dimension gewonnen; er ist in einen anderen Bereich, einen anderen Aion eingetreten, der ihn in einem ganz bestimmten Sinne seinsmäßig dieser Welt entfremdet. Nicht, als sei er dem irdischen Leben und Sterben schon entzogen; aber sein Daseinssinn erschöpft sich in ihnen nicht mehr. Sie bedeuten ihm nicht das Letzte; sie sind ihm Durchgang und Hilfsmittel zu einem anderen, größeren Tod und einem anderen, größeren Leben, denen er zugeordnet, ja schon eingefügt ist. Christliches Leben ist nämlich noch in ei-

5 1. Vesper- und Laudes-Antiphon am Fest Kreuzerhöhung, 14. September (monastisches Brevier).

6 1. Laudes-Antiphon am Karsamstag.

nem anderen und tieferen Sinne vom Tod gezeichnet als das Leben des rein natürlichen Menschen. Wer immer „im Namen Jesu" getauft ist, ist eingegangen in den Todesbereich Christi und verbleibt in ihm, bis ihn erst der leibliche Tod ganz und endgültig in das todfreie Leben eintaucht, zu dem es keinen anderen Zugang gibt als den Tod unseres Herrn.

Denn seit der Mensch Gott die freiwillige Gefolgschaft der Liebe verweigerte und sich dadurch aller Lebensfülle, aller Macht und Herrlichkeit beraubte, hat es Gott gefallen, nicht das Starke zu erwählen, sondern das Schwache, nicht das Angesehene, sondern das Verächtliche. Wie der Erlöser, Christus, nicht im Glanz seiner göttlichen Kraft, sondern in einem von Sünde und Tod gezeichneten Menschenleib die Macht des Bösen durch Schwachheit, seine List durch die Torheit des Kreuzes und den allmächtigen Tod durch seinen eigenen Untergang überwunden hat, so ist auch jeder, der Christi Namen trägt und selbst „ein anderer Christus" geworden ist, in seiner gesamten irdischen Existenz an das gleiche Gesetz des Todes gebunden. Wie aber der Gottmensch gerade im Tode „den Untergang in Aufgang verwandelt und den Tod zu Leben gekreuzigt hat"[7], so gewinnt auch jeder, der in den Christustod eingepflanzt ist, mit Christus schon hier auf Erden Anteil an dem anderen, neuen, freilich noch ganz verborgenen Leben in Gott, in das der Herr selbst schon für immer eingegangen ist.

Dieses Sterben und Auferstehen mit Christus ist für den Christen kein einmaliges Ereignis, sondern ein fortgesetztes inneres Geschehen, das vom mystischen Tod der Taufe bis zum leiblichen Tod das ganze Menschenleben durchdringt. Immer von neuem wird der Christ durch einen Tod hindurch in ein höheres Leben hinüber geführt. Das geschieht zuerst von oben, von Gott her, in der Kraft der göttlichen Mysterien, die aus dem Christustod fließen und das Leben des Getauften tragen; dann aber muss auch der Mensch selber in allem Tun und Lassen seines eigenen alltäglichen Lebens unaufhörlich den gleichen transitus vollziehen. So wird ihm wie von selbst alles, was ihm widerfährt, zu einer *meditatio mortis*, einem Üben und Erlernen des letzten, leiblichen Todes, der schließlich nur noch unter das ganze abgelaufene

7 *Clemens Alexandrinus*, Protreptikos, XI 114,4.

Leben sein Siegel setzt. Damit hat aber der leibliche Tod seine Schrecken und seine Gegensatzstellung zum Leben verloren. Er ist nicht mehr der jähe und totale Bruch an dessen Ende, sondern nur noch die Vollendung eines langen, sich allmählich vollziehenden Prozesses; nicht mehr Verneinung, sondern Durchbruch des keimenden neuen Lebens ins Licht; nicht mehr Sturz in den Abgrund des Nichts, sondern letzte Stufe der Leiter zu Gott.

3. Lehrmeister des Sterbens

Die kurze Rückbesinnung auf das Wesen des christlichen Todes, die nicht mehr sein sollte als eine flüchtige Skizzierung der Umrisse, war nötig, um das Anliegen dieses Buches deutlich zu machen. Es geht bei unserer Frage ja nicht nur um eine Theorie, um eine theologische Lehre oder eine Welt-Anschauung, sondern zugleich um eine höchst praktische Forderung, die beständig verwirklicht werden will. Das heißt konkret: Der Mensch muss das Sterben, das ihm als die entscheidende Tat seines Lebens auferlegt ist, *erlernen*. Die Ausformung dessen, was er in der Anlage schon ist, macht Leben und Sterben des Christen zu seiner ureigensten Tat, die ihm nicht abgenommen werden kann, auch nicht von Gott, der die Freiheit seiner Geschöpfe nicht antastet. Unbeschadet der Tatsache, dass alles Gnade ist, ist mein Tod – wie mein Leben! –, so ganz er *Gottes Werk* ist, auch ganz *mein* Werk. Und wir dürfen uns keiner Täuschung hingeben: Dieses Werk ist sehr schwer! Es fällt niemandem in den Schoß. Um so mehr muss es wundernehmen, dass wir, die wir für alle anderen Künste und Fertigkeiten unseres Lebens Schulen und Lehrmeister aufsuchen, die große und entscheidungsreiche „Kunst des Sterbens“ [8] unbelehrt und ungeübt in Angriff nehmen. Und doch fehlt es uns auch für sie nicht an Lehrmeistern, wenn wir sie nur zu finden wissen. Es gab zu allen Zeiten Menschen, die aus der großen Wirklichkeit des allumfassenden Christusheiles lebten und starben. Es gibt sie auch heute in allen Schichten und Ständen christlichen Daseins, wenn auch vielleicht dem oberflächlichen Blick meist verborgen, wie ja immer die eigentlich tragenden Kräfte die verborgenen sind[9].

Solche Lehrmeister des Sterbens zu finden, war das Anliegen dieses Buches. Wir glaubten sie am ehesten unter jenen Menschen finden zu können, die es zu ihrem Lebensberuf gemacht haben, das Sterben zu erlernen: unter den *Mönchen*. Der Mönch hat sich ausschließlicher als alle anderen auf das für jeden Christen geltende Grundgesetz

8 Vgl. *Eugen Walter*, Die Herrlichkeit des christlichen Sterbens (1939), S. 86 ff.
9 Vgl. *Martin Buber*, Gog und Magog (1949), S. 37.

verpflichtet: „Ihr sollt leben wie solche, die täglich sterben“, seit er in der Mönchsprofess die Einpflanzung in den Tod seines Herrn, die er wie alle Christen sakramental in der Taufe erfuhr, noch einmal in letzter Konsequenz an sich geschehen ließ. Aber er sucht den Tod nicht um des Todes willen. Nur deshalb hat er in dieser Welt den Tod zu seinem besonderen Anteil erwählt, weil er, der Geringe, Demütige, sich selbst Verachtende, sich nicht begnügen kann mit dem kleinen und vergänglichen Leben dieser Welt. Der Tod ist ihm gerade gut genug, um durch ihn in das bleibende Leben zu gelangen; und all die vielen kleinen Tode seines Lebens dienen ihm nur dazu, den großen Tod zu erlernen, der ihn von der Herrschaft des Todes für immer befreien soll. Freilich dürfen wir dabei keinen Augenblick vergessen: immer ist es nur der *Christustod*, der ins Leben führt. Ohne ihn bleibt jeder Tod, was er seiner Natur nach ist: die absolute Verneinung des Lebens.

Wenn die lebenslängliche Bemühung der Mönche, das Sterben zu erlernen, nicht auf einer tragischen und folgenschweren Täuschung beruht, sondern aus dem Wesen christlichen Seins erwächst, dann muss, so möchte man meinen, etwas von der Richtigkeit eines solchen „Lebens aus dem Tode“ in jener Stunde an der äußersten Grenze des Lebens sichtbar werden, soll sich die alte Weisheit bewahrheiten: „Wie gelebt, so gestorben.“

Nun geht es hier jedoch nicht darum, mönchisches Leben zu rechtfertigen, noch viel weniger darum, es zu verabsolutieren, sondern es geht um eine brennende grundsätzliche Frage christlichen Lebens überhaupt. Die entscheidende Frage ist darum die, ob wir, die wir uns noch diesseits der Schwelle befinden, und zwar ganz gleich, ob wir selbst Mönche sind oder nicht, für unseren eigenen dereinstigen Hinübergang von den Mönchen lernen können, ob wir in ihnen die gesuchten Lehrmeister des Sterbens finden, gültige Vorbilder, die wir nicht nur bewundern, sondern denen wir nachfolgen können. Darum allein haben wir in den Berichten vom Leben und Sterben heiliger Mönche geblättert, um sie nach ihrer Gültigkeit für uns zu befragen und uns bei ihnen Hilfe und Trost zu erbitten für die Sterbenot unserer Zeit. Dazu kann uns das Wort ermutigen, mit dem der heilige Athanasius seinen Bericht über den Tod des heiligen Antonius einleitet: *„Es ist der Mühe wert, dass ich auch vom Lebensende des heiligen Antonius erzähle* *und dass ihr mir zuhört; denn auch darin ist er nachahmenswert.“* Selbstverständlich kann und darf es dabei nicht um eine Imitation gehen, sondern um eine echte Nachfolge, die aus gleichen Grundkräften in Freiheit und Verantwortung das eigene, einmalige und unvertauschbare Leben und Sterben setzt.

Grundsätzlich wäre es nun völlig gleichgültig gewesen, welcher Zeit wir uns zugewendet hätten. Die Grundzüge des Mönchtums sind wie die des Christentums in sich unveränderlich und zeitlos; aber sie lassen sich an ihren Ursprüngen leichter und klarer erkennen und aufzeigen, weil sie dort noch nicht so stark von dem vielfältigen Rankenwerk zeitbedingter und sich wandelnder Frömmigkeitsformen überdeckt sind wie in späteren Jahrhunderten. Das war der Grund dafür, warum wir uns auf Texte der älteren Zeit beschränkt haben. Es dürfte jedoch nicht schwer fallen, von ihnen aus die Brücke zur eigenen Zeit zu schlagen, vielleicht sogar müheloser, als es vom Hochmittelalter oder der frühen Neuzeit aus möglich wäre. Unsere Zeit liebt es ohnehin – gerade um der Gefahren willen, die ihr von einem Bruch mit der Tradition drohen –, sich wieder mehr den Ursprüngen zuzuwenden. Im übrigen aber sind die Texte nicht ausgewählt; sie wurden aufgenommen, wie sie sich boten; denn es ging uns um ein wahrhaftiges Bild von mönchischem Sterben und nicht um ein von vornherein festgelegtes. Es wurde daher nichts ausgeschieden, was auf unsere Frage überhaupt eine verlässliche Antwort bot. Bei der unübersehbaren Fülle der hagiographischen Literatur verbot sich Vollständigkeit von selbst; doch scheinen uns die gebotenen Zeugnisse zu genügen, um ein vielseitiges und umfassendes Bild vom Sterben heiliger Mönche zu bieten; und auf dieses allein kam es uns an.

Das Ergebnis unserer Suche legen wir in diesem Buch vor. Die Texte wollen gelesen sein, wie man in einem Lese- oder Bilderbuch blättert, und jedes einzelne Stück will für sich allein betrachtet werden, ohne Vergleich, ohne Wertung. Erst dann offenbart es seine eigentliche, seine ganz persönliche Schönheit, in der uns ein leiser, ferner, aber sehr tröstlicher Widerschein eines in Gott verborgenen Lebens und Sterbens aufleuchtet, zugleich jedoch – und das ist das Entscheidende – jener eine und einzige Tod, der uns vom Tod zum Leben erlöst.

Kapitel II

Zeugnisse christlichen Sterbens

Antonius[10]

Es ist der Mühe wert, dass ich auch vom Lebensende des heiligen Antonius erzähle, und dass ihr mir ein williges Gehör schenkt; denn auch darin verdient er Nachahmung. Der Heilige war gerade wieder einmal wie so oft bei den Mönchen auf dem äußeren Berg zu Besuch, als die göttliche Vorsehung ihn wissen ließ, dass sein Ende gekommen sei. Da wandte sich Antonius an die Brüder mit den Worten: *„Es ist heute das letzte Mal, dass ich euch besuche, und es sollte mich wundern, ob wir uns in diesem Leben noch einmal sehen. Die Zeit ist da, dass ich scheide; ich bin ja schon fast hundertfünf Jahre alt."* Die Brüder weinten, als sie seine Worte hörten, fielen dem Alten um den Hals und küssten ihn. Er selbst aber unterhielt sich voll Freude mit ihnen, als wenn er aus der Fremde zur Heimkehr in die Vaterstadt aufbräche ...

Die Brüder drangen dann in den Heiligen, er möge doch bleiben und bei ihnen sterben. Doch davon wollte Antonius nichts wissen – aus mancherlei Gründen, wie er durchblicken ließ, ohne es geradezu auszusprechen. Sein Hauptbeweggrund war jedoch dieser: Die Ägypter lieben es, die Leiber ihrer toten Angehörigen, vor allem die der heiligen Märtyrer, zwar zur Bestattung zurecht zu machen und in Linnen einzuhüllen, sie dann aber nicht zu beerdigen, sondern auf Ruhelager zu betten und in ihren Häusern zu behalten ... Da Antonius dies wusste und fürchtete, sie würden es mit seinem Leichnam ebenso machen, verabschiedete er sich in aller Eile von den Brüdern auf dem äußeren Berg und kehrte auf den inneren Berg zurück, wo er sich auch sonst aufzuhalten pflegte; und wenige Monate später wurde er krank. Da rief er die Brüder, die bei ihm waren, zu sich. Es waren ihrer zwei, die ebenfalls auf dem inneren Berg wohnten und seit fünfzehn Jahren das Asketenleben führten und dem Antonius in seinen alten Tagen dienten. Zu ihnen sagte der Greis:

„Ich gehe nun, wie geschrieben steht, den Weg der Väter; denn ich sehe, der Herr ruft mich. Ihr aber seid nüchtern und wachsam und sorgt dafür,

10 Antonius der Grosse, hl., lebte von 251 – 356 in Mittelägypten. Er gilt als der bedeutendste Gestalter des alten christlichen Mönchtums, vor allem in seiner eremitischen Form.

dass eure Askese nicht umsonst war. Haltet euren Eifer so warm, als finget ihr eben erst an. Ihr wisst, wie wild die Dämonen sind, die euch auflauern, aber auch, wie schwach im Grunde ihre Macht ist. Fürchtet sie darum nicht. Christus sei euer innerster Lebensodem; an ihn glaubt. Lebt wie Menschen, die täglich sterben. Habt acht auf euch selbst und beherzigt meine Ermahnungen. Haltet keine Gemeinschaft mit den Schismatikern, schon gar nicht mit den häretischen Arianern; denn ihr wisst, wie auch ich sie wegen ihrer christusfeindlichen und irrgläubigen Häresie abgelehnt habe. Schließt euch vor allem an Christus an, dann aber auch an die Heiligen, damit sie euch nach dem Tod als vertraute Freunde in die ewigen Zelte aufnehmen. Das sei euer ganzes Sinnen und Trachten. Und wenn euch etwas an mir liegt und ihr an mich wie an einen Vater denkt, dann duldet nicht, dass jemand meinen Leichnam mit nach Ägypten nimmt, damit man ihn nicht in den Häusern beisetzt. Nur aus diesem Grunde bin ich hierher auf den Berg geflohen. Ihr wisst, wie ich immer mit den Leuten gescholten habe, die so etwas tun, und wie ich sie angehalten habe, diese Unsitte abzuschaffen. So bestattet denn mein sterbliches Teil und bergt es unter der Erde. Das Ganze soll aber bei euch geheimgehalten werden, so dass kein Mensch den Ort meines Begräbnisses erfährt außer euch beiden allein. Am Tag der Auferstehung werde ich dann von unserem Erlöser meinen Leib unverweslich zurückerhalten. Meine Kleider verteilt. Dem Bischof Athanasius gebt die eine Melote und den Mantel, auf dem ich zu ruhen pflegte; er hat ihn mir einst neu geschenkt, und ich habe ihn abgenutzt. Dem Bischof Serapion gebt die andere Melote. Ihr zwei könnt das härene Gewand behalten. Und nun lebt wohl, Kinder. Antonius geht hinüber und ist nicht mehr bei euch.“

Nachdem er dies gesagt hatte und die Brüder ihn noch einmal geküsst hatten, streckte er die Füße aus und starb und wurde zu den Vätern versammelt. Es war aber, als sehe er sehr geliebte Freunde auf sich zukommen, deren Anblick ihn mit tiefer Freude erfüllte; denn er lag da mit heiterem Antlitz. Die Brüder machten ihn für die Bestattung zurecht und hüllten ihn ein, wie er ihnen aufgetragen; dann begruben sie seinen Leichnam unter der Erde. Bis heute weiß niemand, wo er verborgen ist, außer den beiden allein.

Pachomius[11]

Nach dem Pascha brach unter den Brüdern eine Krankheit aus, die Gott ihnen geschickt hatte. In sämtlichen Klöstern starben gegen hundert Brüder auf einmal. Auch Pachomius selbst erkrankte. Es handelte sich bei dieser Krankheit um eine Pestepidemie; sobald das Fieber jemand erfasst hatte, wechselte er sofort die Farbe, die Augen waren mit Blut unterlaufen, und er war wie ein Erstickender, bis er den Geist aufgab. Damals starben Surus, der Hegumen vom Kloster Pachnum, Kornelius von Muchonse, Paphnutius, der Oberökonom sämtlicher Klöster, der seinen Wohnsitz in Pabau hatte, und viele andere bedeutende Brüder. Theodor aber diente dem Abbas Pachomius. Dessen Körper magerte infolge der langen Dauer der Krankheit stark ab; sein Herz und seine Augen jedoch waren wie brennendes Feuer. Zwei Tage vor seinem Ende rief er die Väter der Klöster und die übrigen Hegumenen zusammen und sprach zu ihnen: *„Seht, der Kyrios holt mich heim. Wählt euch nun einen, der euch im Herrn leiten kann."* Dann ließ er Orsiesi aus dem Kloster Chenoboskion zu sich rufen, einen Mann, mächtig im Glauben, demütig und gut. Zu diesem sprach er: *„Geh herum und prüfe nach, wen sie wählen."* Orsiesi tat so. Als aber die Brüder weinend sagten: *„Seit der Herr uns in deine Hände übergeben hat, wissen wir keinen anderen als dich"*, antwortete ihnen Pachomius: *„Glaubt mir, ich meine, wenn Petronius noch lebt, kann er für euch sorgen."* Auch dieser lag nämlich in seinem Kloster Tomen in der Gegend von Panos krank danieder.

Nachdem sie gebetet hatten und fortgegangen waren, bat Pachomius einen Bruder: *„Tu mir den Gefallen und bring mir eine gute Decke; diese hier ist so schwer, mein Körper kann sie nicht mehr ertragen. Ich bin ja schon vierzig Tage krank. Doch ich danke Gott dafür."* Der Bruder ging zur Verwaltung, holte eine gute, leichte Decke und legte sie über den Kranken. Als dieser sah, dass es eine besonders gute Decke war, sagte er zu dem Bruder: *„Nimm sie wieder fort; denn ich darf mich in nichts von den Brüdern unterscheiden ..."*

11 *Pachomius*, hl., geboren 292/93 in Oberägypten, der eigentliche Begründer des zönobitischen Mönchtums unter Regel und Abt. Gestorben am 9. Mai 346.

Als er im Todeskampf lag, fasste er flehend den Bart Theodors und bat ihn: „*Wenn man meine Gebeine bestattet, so nimm sie dort wieder fort!*" Theodor verstand, der Vater bitte ihn darum, seinen Leib nicht dort zu lassen, wo man ihn beerdigen würde, sondern ihn heimlich anderswohin umzubetten, und erwiderte: „*Das verspreche ich dir ...*" Dreimal wiederholte der Sterbende seine Bitte. Dann fügte er hinzu, Theodor dürfe die säumigen Brüder nicht vernachlässigen, sondern müsse sie immer wieder durch das Gesetz Gottes aufmuntern. Theodor versprach es ihm mit den Worten: „*Es ist recht.*" So übergab Pachomius seine heilige Seele Gott am vierzehnten Tag des Monats Pachon. Die Brüder hielten die ganze Nacht bei ihm Wache unter Lesungen und Gebeten; dann wurde der Leichnam zurechtgemacht, unter Psalmengesang auf den Berg getragen und bestattet. Als sie wieder hinabgestiegen waren, bettete Theodor ihn mit drei Brüdern an einen anderen Ort um. Dort ruht er noch heute.

Theodor – zweiter Nachfolger des Pachomius[12]

Mitten in den Paschatagen mussten die Mönche damit rechnen, dass der junge Mönch Heron sterben würde. Am Karsamstag selbst spät abends, als die Brüder in der gottesdienstlichen Feier waren, lag er im Todeskampf. Darum verließ unser Vater Theodor den Gottesdienst und fand Heron sterbend. Er sprach noch mit ihm und drückte ihm dann die Augen zu. Später sagte er, der Tod dieses Bruders sei ein Vorzeichen dafür, dass noch ein anderer unerwartet sterben werde. Die Brüder hielten die Nachtwache mit Lesungen an der Bahre des Toten. Am Herrentag der Freude aber begrub ihn Abbas Theodor in aller Frühe gemeinsam mit den Brüdern, die Psalmen sangen.

Nach einigen Tagen erkrankte er selbst. Vorher hatte er noch die Brüder aus den einzelnen Klöstern, die zum Pascha gekommen waren, mit gutem Zuspruch entlassen. Er hatte mit großer Wärme zu ihnen über die Fragen gesprochen, die ihrem Heile dienlich waren; denn er wusste, dass er selbst schon aus dieser Welt hinübergegangen war (vgl. Joh 13,1). An seinem Krankenlager waren Orsiesi, alle Mönche in leitenden Stellungen und die Brüder versammelt. Als Orsiesi sah, dass unser Vater sich zum Heimgang anschickte, rief er die Brüder zum Gottesdienst zusammen. Sie sollten für den Kranken zum Herrn beten, dass dieser ihn doch vor dem Tode bewahren möge. Orsiesi selbst warf sich auf sein Angesicht und betete gemeinsam mit allen Brüdern unter bitteren Tränen: *„Herr, willst du den von uns nehmen, der unser aller Trost ist? Wem hinterlässt du uns? Nimm mich und lass ihn frei; denn er kann die Brüder zu einem rechten Leben anhalten und führen."*

So taten sie drei Tage lang. Dann kam für unseren Vater der Augenblick des Todes. Noch einmal fragte er Abbas Orsiesi in Gegenwart der anderen: *„Habe ich dich jemals durch ein Wort oder eine Anordnung betrübt?"* Dieser konnte ihm vor Weinen keine Antwort geben. *„Ich wüsste nicht"*, fuhr Theodor fort, *„dass ich dich betrübt hätte, weder dich noch einen anderen Bruder; denn niemals habe ich das Heil meiner Seele und das der Brüder aus den Augen verloren, soweit ich es vermochte. Doch*

12 *Theodor*, Mönch, Nachfolger des Pachomius, gestorben 27. April 368.

das ist nicht mein Werk, sondern das des erbarmenden Gottes. ‚Siehe, im Himmel ist mein Zeuge und mein Mitwisser in der Höhe' (Ijob 16,20)".

Nach diesen Worten gab er seinen Geist auf am zweiten Tag des Monats Pachon.

Aus der „Historia Monachorum in Aegypto“[13]

Brüder kamen und berichteten uns, der selige **Johannes von Lykopolis** (gest. 394) habe sein Leben auf eine wunderbare Weise vollendet. Er hatte Anweisung gegeben, drei Tage lang niemanden bei ihm vorzulassen.

Dann kniete er zum Gebet nieder, beschloss sein Leben und ging zu Gott heim, dessen die Herrlichkeit ist in die Aionen. Amen.

+++

Nachdem **Anuph** Mönchen, die gekommen waren, um ihn zu besuchen, drei Tage lang erzählt hatte, übergab er Gott seine Seele. Sogleich nahmen Engel und Chöre von Märtyrern sie in Empfang und trugen sie zum Himmel empor. Die Anwesenden konnten es sehen und die Hymnen hören.

+++

Zu **Paphnutius** kam ein Engel und verkündete ihm: *„So komm denn, du Gesegneter, in die ewigen Zelte Gottes. Die Propheten sind schon da, um dich in ihren Kreis aufzunehmen. Ich habe dir das aber deshalb nicht schon früher mitgeteilt, damit du nicht überheblich und dadurch unwürdig werden solltest.“* Nach dieser Erscheinung lebte Paphnutius nur noch einen Tag; und als auf eine Offenbarung hin einige Priester ihn besuchten, erzählte er ihnen alles; dann übergab er Gott seine Seele. Die Priester aber sahen ganz deutlich, wie ihn Chöre von Engeln und Gerechten, die Gott priesen, in Empfang nahmen.

+++

13 Übersetzt nach dem griechischen Text, in: Historia Monachorum in Aegypto.

Aus der „Historia Lausiaca“[14] des Palladius

Um sich nicht an der Leidenschaft eines Mannes schuldig zu machen, verließ die Jungfrau **Alexandra** die Stadt und schloss sich in einem Grabmal ein. Durch ein Guckloch empfing sie, was sie brauchte, und bekam zehn Jahre lang weder Mann noch Weib mehr zu Gesicht. Im zehnten Jahr entschlief sie, nachdem sie sich selbst zurechtgemacht hatte. Als die Frau, die zu ihr zu gehen pflegte, keine Antwort erhielt, gab sie uns Bescheid. Wir sprengten die Tür auf, traten ein und fanden Alexandra entschlafen.

+ + +

„Kurze Zeit nach meinem Besuch“, so berichtete die selige Melania, *„entschlief* **Pambo**, *der Mann Gottes (etwa 371/374), ohne Fieber, ohne Krankheit, noch damit beschäftigt, einen Korb zu flechten. Er war siebzig Jahre alt. Er ließ mich zu sich rufen; und als er den letzten Stich gemacht hatte, sagte er unmittelbar vor dem Verscheiden zu mir: ‚Nimm diesen Korb aus meinen Händen zum Andenken an mich. Sonst habe ich nichts, was ich dir vermachen könnte.‘“* Melania hüllte zur Bestattung seinen Leib in linnene Tücher und begrub ihn. Dann verließ sie die Wüste; den Korb aber behielt sie bis an ihr Lebensende.

Der gleiche Pambo soll sterbend, in der Stunde des Verscheidens selbst, zu dem Priester und Ökonomen Origenes und zu Ammon, zwei sehr berühmten Männern, und den übrigen Brüdern, die bei ihm standen, gesagt haben: *„Seit ich an diesen Ort hier in der Wüste gekommen bin, meine Zelle erbaut und darin gewohnt habe, erinnere ich mich nicht, je mein Brot umsonst gegessen zu haben* (vgl. 2 Thess 3,8), *sondern nur durch meiner Hände Arbeit. Ich bereue kein Wort, das ich gesprochen habe bis zu dieser Stunde. Und doch gehe ich so zu Gott, als hätte ich mit der Gottesverehrung noch nicht einmal angefangen.“*

14 Lebensbeschreibungen heiligmäßiger Asketen und Mönche, dargestellt von Palladius (etwa 364–431), einem Schüler des Evagrius Pontikus, Mönch und Diakon aus Pontus in Iberien, starb als Einsiedler in den Kellien; auch als Schriftsteller von Bedeutung.

+ + +

Evagrius Pontikus starb am Epiphaniefest (etwa 400), nachdem er in der Kirche an den Mysterien teilgenommen hatte. Bei seinem Tode gestand er uns: *„Es ist jetzt das dritte Jahr, dass keine fleischliche Begierde mich mehr quält – nach einem so langen Leben voll Qual und Mühe und unablässigem Gebet!“*

+ + +

Eine **Nachbarin** von mir, die ich allerdings persönlich nie zu Gesicht bekommen habe – wie man erzählte, hatte sie, seit sie der Welt entsagt hatte, ihr Haus nie mehr verlassen –, kam ans Sterben. Sechzig Jahre hatte sie mit ihrer Mutter zusammen das Asketenleben geführt. Da erschien ihr der heilige Märtyrer Kolluthus, der dort besonders verehrt wird, und sprach zu ihr: *„Heute noch sollst du zum Herrn gehen und alle Heiligen schauen. Komm also und halte Mahl mit uns in der Grabeskirche.“*

In aller Frühe stand die Jungfrau auf, kleidete sich an, legte Brot, Oliven und ein wenig Gemüse in ihr Körbchen und verließ zum ersten Mal nach so vielen Jahren ihr Haus und ging in die Kirche des Märtyrers, um zu beten. Sie wartete den ganzen Tag über eine Zeit ab, da gerade keiner in der Kirche war, setzte sich nieder und rief den Märtyrer an: *„Segne meine Speisen, heiliger Kolluthus, und begleite mich auf dem Weg mit deinen Gebeten!“* Dann aß sie, betete noch einmal und kam gegen Sonnenuntergang nach Hause. Ihrer Mutter gab sie noch eine Schrift des Klemens, der die „Teppiche“ geschrieben hat, zum Propheten Amos und sagte dazu: *„Gib sie dem verbannten Bischof und sag ihm, er möge für mich beten; denn ich gehe!“* Noch in derselben Nacht starb sie, ohne Fieber oder auch nur Kopfschmerzen gehabt zu haben. Sie hatte sich noch selbst für die Bestattung zurechtgemacht.

Abbas Johannes[15]

Heiter, als gehe er in seine Heimat hinüber, lag Abbas Johannes in den letzten Zügen. Betrübt drängten sich die Brüder um sein Lager und baten ihn flehentlich, er möge ihnen doch einen Denkspruch als Vermächtnis hinterlassen, der es ihnen in seiner Kürze leichter machen könne, zum Gipfel der Vollkommenheit zu gelangen. Da seufzte er tief auf und sprach: *„Niemals habe ich meinen eigenen Willen getan und nie jemanden etwas gelehrt, was ich nicht selbst zuvor getan hatte."*

15 Johannes Cassian (gest. um 435) galt seit 415 in Marseille als Autorität für das asketisch-monastische Leben. Durch seine Werke wurde er zum Klassiker der monastischen Literatur.

Aus den Apophthegmata Patrum[16]

Als **Abbas Agathon** im Sterben lag, verharrte er drei Tage lang mit regungslos geöffneten Augen. Schließlich stießen ihn die Brüder an und fragten: *„Abbas Agathon, wo bist du?"* Er antwortete: *„Ich stehe vor dem Richterstuhl Gottes."* Da fragten ihn die Brüder: *„Fürchtest auch du dich, Vater?"* Er entgegnete ihnen: *„Bislang habe ich aus aller Kraft die Gebote Gottes zu erfüllen gesucht. Aber ich bin ein Mensch; woher will ich wissen, ob mein Werk Gott wohlgefällig ist?"* Die Brüder fragten weiter: *„So bist du also nicht davon überzeugt, dass dein Werk Gott gemäß ist?" – „Nein"*, antwortete der Greis, *„ich bin mir dessen nicht sicher, solange ich nicht vor Gott gestanden habe. Denn das Gericht Gottes ist ganz anders als das der Menschen."* Als sie ihn aber noch weiter fragen wollten, bat er sie: *„Tut mir die Liebe an und redet nicht mehr mit mir; denn ich habe zu tun."* Dann starb er voll Freude. Die Brüder sahen, dass er heimging wie einer, der sehr geliebte Freunde begrüßt.

+ + +

Als **Abbas Arsenius** im Sterben lag, waren seine Jünger bestürzt. Doch er sagte zu ihnen: *„Die Stunde ist noch nicht da; wenn sie aber da ist, sage ich es euch. Ich werde jedoch zusammen mit euch vor dem furchtbaren Richterstuhl verurteilt werden, wenn ihr jemandem meine sterblichen Überreste gebt."* Als sie daraufhin fragten: *„Was sollen wir denn nur tun, Vater, wir verstehen uns nicht aufs Beerdigen?"*, gab er ihnen zur Antwort: *„Könnt ihr denn nicht einfach ein Seil an meine Füße binden und mich so auf den Berg hinaufziehen?"*

Der Alte pflegte den Ausspruch im Mund zu führen: *„Arsenius, warum hast du die Welt verlassen? Wenn ich sprach, habe ich es schon oft zu bereuen gehabt; wenn ich aber schwieg, noch nie."*

Da er nun also im Sterben lag, sahen die Brüder ihn weinen und fragten ihn: *„Wahrhaftig, Vater, auch du fürchtest dich?"* Er entgegnete: *„Ja, wirklich, die Furcht, die in mir ist, jetzt in dieser Stunde, war immer in*

16 Berichte verschiedener Mönchsväter aus der ägyptischen Sketis, 4.–5. Jahrhundert.

mir, seit ich Mönch geworden bin." Nach diesen Worten starb er. Als aber Abbas Poimen hörte, dass er hinübergegangen war, sagte er weinend: *„Selig bist du, Abbas Arsenius, weil du in dieser Welt über dich selbst geweint hast. Denn wer nicht hienieden über sich weint, wird drüben in der Ewigkeit trauern. Entweder hier freiwillig oder dort zur Strafe – am Weinen kommt keiner vorbei."*

+ + +

Abbas Dulas, der Schüler des Abbas Bessarion, erzählte: Ich kam einst in das Kellion des Abbas Bessarion und fand ihn im Gebet stehen; seine Hände waren zum Himmel gebreitet. So verharrte er vierzehn Tage lang. Dann rief er mich und sagte: *„Folge mir!"* Wir gingen hinaus und wanderten in die Wüste hinein ... Als wir so des Weges zogen, kamen wir an eine Höhle. Wir traten ein und fanden darin einen **Bruder** sitzen, der an einem Seil flocht. Er aber schaute nicht zu uns auf, grüßte uns nicht und mochte kein Wort an uns richten. Da sagte Abbas Bessarion zu mir: *„Wir wollen wieder gehen; der Vater will sicher nicht mit uns sprechen."* So gingen wir also nach Lyko zu Abbas Johannes ... Auf dem Rückweg kamen wir wieder zu der Höhle, wo wir den Bruder gesehen hatten, und Abbas Bessarion sagte zu mir: *„Wir wollen noch einmal zu dem Bruder hineingehen; vielleicht hat Gott es ihm eingegeben, dass er doch mit uns spricht."* Als wir aber eintraten, fanden wir ihn tot. Da sagte Abbas Bessarion zu mir: *„Komm, Bruder, wir wollen seinen Leib für die Bestattung zurechtmachen; denn dazu hat uns Gott hierher geschickt."* Doch als wir dies taten, fanden wir, dass es ein Weib war, und der Altvater sagte verwundert: *„Sieh doch nur, wie auch Frauen den Satan niederringen!"* Und wir lobten und priesen Gott, den Beschützer derer, die ihn lieben, und kehrten nach Hause zurück.

+ + +

Sterbend sagte **Abbas Bessarion**:

„Der Mönch muss sein wie die Cherubim und Seraphim: ganz Auge."

+ + +

Abbas Benjamin sagte sterbend zu seinen Söhnen: *„Tut dies, und ihr könnt gerettet werden: ‚Freut euch allezeit, betet ohne Unterlass, sagt Dank für alles!' (1 Thess 5,16)."*

+ + +

Abbas Poimen erzählte, als **Abbas Zacharias** im Sterben lag, habe Abbas Moses ihn gefragt: *„Was siehst du?"* Der Sterbende erwiderte: *„Ist es nicht besser zu schweigen, Vater?"* Und Abbas Poimen bestätigte: *„Ja, Kind, schweige!"* In der Stunde seines Todes aber saß Abbas Isidor bei ihm, blickte zum Himmel auf und sprach: *„Freue dich, mein Sohn Zacharias, denn die Pforten des Himmelreichs stehen dir offen!"*

+ + +

Von **Abbas Isaak** erzählt man, als er im Sterben gelegen habe, seien die Väter bei ihm zusammengekommen. *„Was sollen wir nach deinem Heimgang tun, Vater?"* fragten sie ihn. Er erwiderte: *„Seht, wie ich vor euren Augen gewandelt bin; wenn ihr mir folgen und die Gebote Gottes beobachten wollt, wird er euch seine Gnade senden und diesen Ort hier behüten. Wenn ihr sie aber nicht beobachtet, werdet ihr nicht hier bleiben. Denn auch wir waren traurig, als unsere Väter starben; aber wir hielten aus und wahrten getreulich die Gebote des Herrn und die Weisungen der Väter in der Gewissheit, dass sie bei uns seien. Tut auch ihr so, und ihr werdet gerettet werden."*

+ + +

Von **Abbas Joseph von Panepho** erzählte man: Als er ans Sterben kam, saßen die Väter bei ihm. Da blickte er plötzlich auf die Tür und sah den Teufel dort sitzen. Gleich rief er seinem Schüler zu: *„Den Stock her! Der Kerl da meint, ich sei alt geworden und hätte keine Macht mehr über ihn!"* Kaum hatte der Sterbende den Stock gepackt, sahen die Väter auch schon, dass sich der Teufel kuschte wie ein Hund und durch die Tür verschwand.

+ + +

Als **Abbas Romanus** im Sterben lag, versammelten sich seine Schüler um ihn und fragten ihn: *„Wie müssen wir miteinander leben?"* Der Alte erwiderte: *„Ich wüsste nicht, dass ich je einem von euch gesagt hätte, er solle etwas tun, ohne dass ich mir vorher vorgenommen hätte, nicht zornig zu werden, falls er nicht tun sollte, was ich ihm auftrug. So haben wir unsere ganze Zeit im Frieden gelebt."*

+ + +

Als **Abbas Sisoes** im Sterben lag und viele andere Mönche bei ihm saßen, leuchtete plötzlich sein Antlitz wie die Sonne, und er rief aus: *„Da – Abbas Antonius ist gekommen!"* Und nach einer kurzen Weile: *„Da – der Chor der Propheten ist gekommen!"* Und erneut ging ein überirdischer Lichtschein über sein Angesicht, und er sprach: *„Da der Chor der seligen Apostel ist gekommen!"*

Dann verdoppelte sich der Glanz auf seinem Gesicht, und es schien, als spreche er mit jemand. Daraufhin fragten ihn die Väter: *„Mit wem sprichst du, Vater?"* Er erwiderte: *„Engel sind gekommen, mich zu holen, und ich bitte sie, mich noch ein wenig Buße tun zu lassen."* – *„Du brauchst keine Buße mehr zu tun, Vater"*, entgegneten die Mönche. Doch der Alte versetzte: *„Wahrhaftig, ich wüsste nicht, dass ich damit auch nur einen Anfang gemacht hätte!"*

An diesem Ausspruch erkannten alle, dass er vollendet war.

Dann wurde plötzlich sein Angesicht der Sonne gleich, und alle fürchteten sich. Er aber sprach zu ihnen: *„Seht, seht, der Herr ist da und spricht: ‚Bringt mir das Gefäß der Auserwählung aus der Wüste.'"* Und sogleich gab er sein Pneuma auf. Da flammte ein Blitz auf, und das ganze Haus wurde von Wohlgeruch erfüllt.

+ + +

Ein Sklave, der Mönch geworden war, lebte fünfundvierzig Jahre lang nur von Salz, Brot und Wasser. Geraume Zeit später bekehrte sich auch sein Herr und zog sich ebenfalls in die Einsamkeit zurück; und er wurde in tiefem Gehorsam seines eigenen Dieners Schüler. Nun kam die Stunde seiner Abberufung; da sprach er zu dem **Alten**: *„Vater, ich sehe* *die Mächte zu mir kommen, aber auf deine Bitten hin kehren sie wieder um."* Als dann aber auch an den Altvater der Ruf erging, sah er einen Engel zu seiner Rechten und einen zu seiner Linken, die sprachen zu ihm: *„Sollen wir kommen, Vater, oder sollen wir wieder umkehren?"* Da sagte der Alte zu ihnen: *„Ich will, dass ihr bleibt, und nehmt meine Seele mit!"* So also starb er.

+ + +

Bei einem **Einsiedler** kehrten einst Leute aus der Welt ein, und da er sie sah, empfing er sie voll Freude mit den Worten: *„Euch hat der Herr gesandt, damit ihr mich begraben solltet. Der Ruf ist an mich ergangen; doch zu eurer Erbauung und zur Erbauung aller, die davon hören, will ich euch von meinem Leben erzählen. Brüder, dem Leibe nach bin ich Jungfrau; aber in meiner Seele erleide ich bis zu dieser Stunde unmenschliche Anfechtungen, die mich zur Unreinheit verführen wollen. Schaut, da ich mit euch spreche, sehe ich die Engel schon warten, um meine Seele in Empfang zu nehmen, und doch erblicke ich auch den Satan, der mir schlechte Gedanken einflüstert."*

Nach diesen Worten streckte er sich aus und starb. Die Besucher machten den Leichnam für die Bestattung zurecht und fanden dabei, dass es tatsächlich eine Jungfrau war.

+ + +

Eines Tages erkrankte in den Kellien ein **Altvater**, der ganz allein für sich hauste und niemanden bei sich hatte, der ihn hätte bedienen können. Also stand er auf und aß, was er gerade in seiner Zelle fand. So blieb er viele Tage, und keiner kam, um nach ihm zu sehen. Als aber dreißig volle Tage vergangen waren, ohne dass jemand zu ihm gekommen wäre, sandte Gott einen Engel, um dem Kranken zu dienen. Sieben Tage später erinnerten sich die Väter des Greises und sagten: *„Der Alte wird doch nicht gestorben sein?"* Als sie nun kamen und an seine Tür klopften, ging der Engel fort. Da rief der Alte von drinnen: *„Geht nur wieder weg, Brüder!"* Doch diese brachen die Tür auf, traten ein und fragten, warum er sie denn abweise. Er erwiderte ihnen: *„Dreißig Tage war* *ich schwer krank, und keiner kam mich besuchen; und seht, nun sind es sieben Tage, dass Gott mir einen Engel geschickt hat, mir zu dienen, doch als ihr kamt, ging dieser von mir fort.“* Nach diesen Worten entschlief er. Die Brüder aber wunderten sich und priesen Gott, weil der Herr diejenigen nicht im Stich lässt, die auf ihn hoffen.

+ + +

Ein Mönch in der Sketis kam ans Sterben. Alle seine Brüder umstanden sein Lager, sorgten für ihn und weinten. Da öffnete der Alte die Augen und lachte; und er öffnete sie noch einmal und lachte; und so tat er noch ein drittes Mal. Die Brüder fragten ihn: *„Aber sag doch, Abbas, warum lachst du denn, während wir weinen?“* Er aber gab ihnen zur Antwort: *„Das erste Mal habe ich gelacht, weil ihr euch alle vor dem Tod fürchtet; das zweite Mal habe ich gelacht, weil ihr nicht bereit seid; das dritte Mal aber habe ich gelacht, weil ich aus der Mühsal in die Ruhe hinübergehe.“* Sogleich darauf entschlief der Bruder.

+ + +

Von einem **Bruder**, der in der Nähe eines angesehenen Altvaters wohnte, erzählte man, er sei regelmäßig bei diesem eingebrochen und habe ihn bestohlen. Der Alte sah ihn wohl, stellte ihn aber nicht zur Rede, sondern rackerte sich ab und arbeitete nur noch mehr als sonst; denn er sagte sich: Der Bruder wird's wohl nötig haben. Er litt ernstlich Not und fand nur mühsam sein täglich Brot. Doch als er ans Sterben kam, standen die Brüder rings um sein Lager. Da blickte er auf den Bruder, der ihn zu bestehlen pflegte, und bat ihn: *„Komm her zu mir!“* Und er küsste ihm die Hände und sprach: *„Ich danke diesen Händen, mein Bruder; denn um ihretwillen komme ich in den Himmel.“* Jener Bruder aber wurde von Reue ergriffen, tat Buße und wurde durch das Beispiel des großen Altvaters ein guter Mönch.

+ + +

Den Brüdern von Raithu, wo die siebzig Palmen stehen, bei denen Moses mit dem Volk lagerte, als sie aus dem Land Ägypten auszogen (vgl. Ex 15,27), erzählte ein Einsiedler: Ich dachte einst bei mir, ich müsse doch einmal tiefer in die Wüste hineingehen, ob ich nicht vielleicht einen Diener Christi, unseres Herrn, fände, der noch weiter im Inneren der Wüste hauste als ich. Nach einer Wanderung von vier Tagen und Nächten fand ich eine Höhle. Ich trat näher und schaute hinein. Drinnen sah ich einen **Mann** sitzen und klopfte nach der Gewohnheit der Mönche, damit er herauskäme und mich begrüßte. Er aber rührte sich nicht; denn er war entschlafen. Unverzüglich trat ich ein und berührte seine Schulter; sogleich fiel er in sich zusammen und wurde zu Staub. Dann blickte ich auf und sah sein Kolobion da hängen; doch als ich es berührte, zerfiel auch dieses in Nichts.

+ + +

Ein Mönch, der später Bischof der Stadt Oxyrrhynchos wurde, erzählte... folgende Begebenheit: Ich fasste eines Tages den Entschluss, tiefer ins Innere der Wüste hineinzugehen, in die Gegend um die Große Oase, wo der Stamm der Maziken haust. Ich wollte sehen, ob ich dort vielleicht einen Diener Christi fände. ...

Nach vielen Tagen stieß ich auf eine Hütte, einen Palmbaum und ein Wässerlein; dabei stand ein **Mann**, dem sein Haupthaar als Bekleidung diente. Sein Haar war schlohweiß und sein Anblick schreckenerregend. Als er mich erblickte, begann er zu beten. Nachdem er das Amen gesprochen hatte, erkannte er, dass ich ein Mensch war, fasste mich bei der Hand und fragte: *„Wie bist du denn hierher gekommen? Steht die Welt noch samt allem, was darin ist? Und gibt es noch immer Verfolgungen?“* Ich erwiderte ihm: *„Um euretwillen, die ihr echte Diener unseres Herrn Jesus Christus seid, wandere ich durch diese Wüste. Die Verfolgung aber hat durch die Macht Christi ein Ende gefunden. Doch nun sage mir, wie bist du hergekommen?“* Da brach er in Tränen aus und begann zu berichten: *„Ich war ein Bischof, und als eine Verfolgung ausbrach, wurde ich schwer gefoltert. Schließlich habe ich dann geopfert, weil ich die Qualen nicht mehr ertragen konnte. Hinterher aber kam ich wieder zu mir, erkannte meinen Frevel und begab mich zum Sterben in diese Einöde. Nun lebe ich hier* *schon neunundvierzig Jahre, bekenne Gott meine Sünden und beschwöre ihn, mir meinen Fehltritt zu vergeben. Den Lebensunterhalt hat der Herr mir zwar durch den Palmbaum hier geschenkt, aber den Trost der Vergebung habe ich achtundvierzig Jahre lang nicht gefunden; erst in diesem letzten Jahr wurde ich getröstet.“*

Nach diesen Worten stand er plötzlich auf, lief hinaus und stand lange da, ins Gebet versenkt. Als er sein Gebet beendet hatte, kam er wieder zu mir zurück. Ich schaute ihm ins Gesicht und erschrak zutiefst; denn es war wie Feuer geworden. Doch er sagte zu mir: *„Fürchte dich nicht! Der Herr hat dich geschickt, damit du für meinen Leichnam sorgst und ihn bestattest.“* Kaum hatte er ausgesprochen, streckte er Hände und Füße aus und starb. Da zerriss ich meine Tunika in zwei Hälften; die eine behielt ich für mich, in die andere hüllte ich den heiligen Leichnam ein und barg ihn in der Erde.

+ + +

Zwei Mönche wanderten einst in die sketische Wüste hinein. Da hörten sie von der Erde her ein Murmeln und fanden bald auch den Eingang einer Höhle. Als sie eingetreten waren, sahen sie drinnen ein altes Weiblein, eine **gottgeweihte Jungfrau**, die krank daniederlag. Die beiden fragten sie: *„Wann bist du hierher gekommen, Alte, und wer bedient dich?“* Sie fanden nämlich in der Höhle nichts anderes als die alte Frau, die krank dalag. Jene aber erwiderte: *„Achtunddreißig Jahre lebe ich nun schon hier in dieser Wüstenhöhle, begnüge mich mit Pflanzenkost und diene Christus. Keinen Menschen habe ich seitdem mehr gesehen bis auf diesen Tag. Gott hat euch geschickt, damit ihr meinen Leichnam bestattet.“*

Nach diesen Worten entschlief sie. Die Väter aber priesen Gott, bestatteten ihren Leichnam und kehrten nach Hause zurück.

Synkletika[17]

Der Teufel, dem alles Gute ein Dorn im Auge ist, konnte soviel Heiligkeit nicht mehr mit ansehen. Er verzehrte sich vor Wut und suchte irgend etwas in Szene zu setzen, um die Quelle zu trüben, der sie entsprang. So forderte er die edle Jungfrau zum letzten Kampf heraus, und er verfolgte sie mit einem so grimmigen Hass, dass er sich nicht erst damit abgab, ihre äußeren Glieder zu schlagen, sondern gleich ihr Inneres angriff und so furchtbare Schmerzen über sie brachte, dass ihr keine menschliche Hilfe mehr Linderung verschaffen konnte.

Zuerst schlug er das lebensnotwendigste Glied, die Lunge, und ließ durch bösartige Krankheitsprozesse das Übel allmählich um sich greifen. Es wäre ihm ein leichtes gewesen, das Ende der Heiligen rasch herbeizuführen; aber als der blutdürstige Henker, der er ist, bewies er seine Grausamkeit in vielerlei Quälereien, die sich über lange Zeit hinzogen. Ganz allmählich zersetzte er die Lunge ... Anhaltende Fieber waren mit dieser Krankheit verbunden, durch welche die Körperkräfte der Kranken schließlich völlig erschöpft wurden.

Die heilige Synkletika stand im achtzigsten Lebensjahr, als der Teufel die Kämpfe Hiobs auf sie übertrug ... Dreieinhalb Jahre widerstand sie in ruhmreichen Leiden dem bösen Feind ... Sie ertrug alle Pein tapfer und ließ den hochgemuten Sinn nicht sinken. Ganz im Gegenteil; die Selige nahm den Kampf gegen den Feind immer von neuem auf und heilte durch ihre guten Lehren alle, die er verwundet hatte. Unversehrt entriss sie die Seelen dem Rachen des Löwen. Die Wunden, die er geschlagen hatte, heilte sie mit der heilsamen Arznei Christi. Manche konnte sie sogar vor einer Verwundung bewahren; indem sie ihre Töchter auf die hinterhältigen Schlingen des Teufels aufmerksam machte, befreite sie diese von der Sünde ...

Als der Todfeind alles Guten sah, dass Synkletika wiederum gegen ihn erstarkt war, ärgerte er sich; und weil er mit ansehen musste, dass

17 *Sykletika*, hl. Jungfrau und Einsiedlerin (4. Jahrhundert). Quellen der Vita waren Zeitgenossen der Heiligen. Der Bericht über ihre Todeskrankheit ist im Gegensatz zu der übrigen Biographie reich an individuellen Einzelzügen. Vgl. S. Frank, Vita der Amma Synkletike. Weisungen der Väter, Band 5, Beuron 2008.

seine Tyrannenherrschaft zu Fall kam, verfiel er auf eine neue Tücke: Er schlug die Sprachorgane der Heiligen, um ihr so die Möglichkeit zu nehmen, die Ihrigen durch ihr Wort zu belehren, wobei er sich einbildete, die Schwestern, die zu ihr kämen, müssten nun vor Hunger nach dem göttlichen Wort umkommen. Allein wenn er auch ihr Ohr des heilsamen Zuspruchs beraubte, so war der Gewinn in einem viel wesentlicheren Sinn um so größer. Denn da die Schwestern mit ihren eigenen Augen sahen, was Synkletika litt, wurden sie erst recht in ihrem Inneren stark. Die leiblichen Wunden der Heiligen heilten die verwundeten Seelen; und man konnte sehen, wie die hochgemute Stärke der Seligen alle, die sie anschauten, vor dem Bösen bewahrte oder sie davon heilte.

Nun erfand der Teufel abermals eine neue Plage für sie. Er ließ einen Backenzahn schmerzen und von da aus das Zahnfleisch in Fäulnis übergehen. Der Zahn fiel aus, die Geschwulst aber breitete sich über die ganze Kinnlade aus. Die benachbarten Teile des Körpers zerfielen; innerhalb von vierzig Tagen war der Knochen zerfressen und binnen zwei Monaten gänzlich ausgehöhlt. Die umliegenden Stellen waren schwarz geworden, und der zerstörte Knochen zerfiel schließlich ganz. Die Fäulnis, verbunden mit einem furchtbaren Gestank, griff auf den ganzen Körper über, so dass die Schwestern, die der Kranken dienten, mehr litten als diese selbst. Meist hielten sie sich von ihr fern, weil sie den unerträglichen Geruch nicht aushalten konnten. Wenn aber ihre Pflicht sie rief, zündeten sie vorher reichlich Räucherwerk an und zogen sich bald wieder zurück. Die Selige jedoch schaute dem Widersacher offen ins Auge und ließ sich keinerlei menschliche Hilfe schenken; auch darin bewies sie die ihr eigene Tapferkeit. Die Schwestern ihrer Umgebung baten sie, ihrer Schwäche wegen möchte sie doch wenigstens die kranken Stellen mit Myrrhenöl salben lassen. Sie jedoch weigerte sich, weil sie meinte, jede Hilfe von außen schwäche sie in ihrem inneren Kampf. Daraufhin zogen die Pflegerinnen einen Arzt hinzu in der Hoffnung, dieser könne sie vielleicht zur Annahme einer Hilfe bewegen. Aber auch ihm schlug sie es ab und fragte: *„Warum sorgt ihr nur für das Äußere und erkennt nicht, was dahinter verborgen ist? Was macht ihr soviel Umstände wegen des mir Zugefügten, schaut aber nicht auf den, der es tut?“* Da entgegnete der herbeigeeilte Arzt: *„Es geht bei der*

Arznei, die wir verordnen, nicht um Heilung oder Linderung; wir wollen nur die zerstörten und abgestorbenen Stellen für das Begräbnis bereiten, wie es Sitte ist, damit sich die Anwesenden nicht anstecken. Wenn ich Aloe mit Myrrhenbalsam und Myrrhenwein anwende, dann tue ich damit nichts anderes, als was man für die Toten tut." Daraufhin ging Synkletika auf seinen Rat ein und gab nach, mehr aus Mitleid mit ihrer Umgebung; denn von da an ließ der unerträgliche Geruch nach.

Wem sollte es beim Anblick solcher Qualen nicht grauen? Wer aber erbaute sich nicht auch an dem Starkmut der Seligen und der Niederlage des bösen Feindes? Er hatte ja an eben der Stelle zugeschlagen, von der die gute, heilbringende Quelle der Worte ausgegangen war, und das Übermaß seiner Grausamkeit hatte jegliche Linderung unmöglich gemacht. Wie ein blutdürstiges wildes Tier hatte er alle Mühe ihrer Umgebung vereitelt, um die einmal gefasste Beute zu zerreißen. Aber während er auf einen guten Schmaus ausging, wurde er selbst zum Fraß. Die Schwäche ihres Leibes war der Angelhaken, der ihn köderte. Er sah in ihr das Weib und verachtete sie; denn er kannte ihren männlichen Sinn nicht. Er nahm nur ihre kranken Glieder wahr; aber blind, wie er war, vermochte er ihren starken Geist nicht zu erkennen. Drei Monate lang dauerte das Ringen. Die Kraft Gottes aber war es, die den Leib aufrechterhielt; denn es wurde immer weniger, wovon sie hätte leben können, sie konnte ja keine Nahrung mehr aufnehmen. Wie hätte sie auch bei solcher Fäulnis und solchem Geruch Speise zu sich nehmen können! Selbst der Schlaf war von ihr gewichen, von den Schmerzen vertrieben.

Endlich war das Ziel in Sicht: Sieg und Kranz. Sie hatte nun Gesichte. Engel standen ihr bei, heilige Jungfrauen forderten sie auf, zum Himmel hinaufzusteigen, ein unaussprechliches Licht leuchtete auf, und das Paradies lag vor ihr. Nach diesen Visionen war es, als käme sie noch einmal zu sich. Sie bat die Schwestern, die sie umgaben, sie möchten es tapfer tragen und nicht über die gegenwärtige Schickung verzagen. Dann fügte sie hinzu: „Nach drei Tagen werde ich aus diesem Leben scheiden." Das war aber noch nicht alles; auch die Stunde ihres Heimgangs gab sie genau an. Als die Zeit vollendet war, ging die selige Synkletika zum Herrn heim und empfing von ihm den Preis ihrer Kämpfe, das Himmelreich.

Hilarion[18]

In seinem achtzigsten Lebensjahr schrieb Hilarion mit eigener Hand gleichsam als sein Testament einen kurzen Brief, in dem er Hesychius alle seine Reichtümer vermachte: das Evangelium, die Tunika aus Sackleinen, Kukulle und Pallium; denn sein Diener war wenige Tage vorher gestorben. Jetzt kamen von Paphus her viele Mönche zu dem Kranken, vor allem, weil sie gehört hatten, dass er den Ausspruch getan habe, er werde nun zum Herrn gehen und von den Fesseln des Leibes befreit werden. ...

Schon glimmte in seiner Brust nur noch ein schwaches Lebensfünkchen, und nichts als das Bewusstsein war von einem lebenden Menschen übrig geblieben. Doch schlug er noch einmal die Augen auf und sprach: *„Fahr aus! Was fürchtest du dich? Fahr aus, meine Seele, was zögerst du noch? Fast siebzig Jahre hast du Christus gedient, und du willst den Tod fürchten?“* Unter diesen Worten hauchte er seinen Geist aus.

18 Hieronymus hörte von *Hilarion*, dem Begründer des Mönchtums in Palästina (291–372), als er 385 nach Palästina übersiedelte. Die Biographie, verfasst etwa 386–391, stützt sich auf Lokaltraditionen und eine heute verlorene Lobrede des hl. Epiphanius.

Makrina[19]

Makrina war schon schwer krank; doch sie lag nicht auf einem Bett oder einer Decke, sondern am Fußboden auf einem mit grobem Leinen bespannten Brett. Den Kopf stützte ein zweites Brett, das ihr als Kopfkissen diente und durch seine schräge Lage den Nacken hielt, wie es ihr bequem war. Als sie mich zur Tür hereinkommen sah, richtete sie sich mit den Ellenbogen auf. Entgegeneilen konnte sie mir nicht mehr, weil das Fieber ihre Kraft schon gebrochen hatte; doch stützte sie die Hände auf den Boden und streckte sich mir, so weit sie es nur konnte, von ihrem Lager aus entgegen. Auf diese Weise suchte sie mir noch die Ehre des Entgegengehens zu erweisen. Ich eilte hinzu, nahm das in Ehrfurcht geneigte Antlitz in meine Hände, richtete die Kranke auf und gab ihr die gewohnte Lage wieder. Sie aber erhob ihre Hände zu Gott und betete: *„Auch diese Gnade hast du, o Gott, mir noch geschenkt und meinen sehnlichsten Wunsch erfüllt, dass du deinen Diener veranlasst hast, deine Magd zu besuchen."*

Um mir nur ja keinen Kummer zu machen, unterdrückte sie ihr Stöhnen und suchte mit aller Anstrengung ihre Atemnot zu verbergen. Sie gab sich so heiter wie nur eben möglich und schnitt entweder selbst erfreuliche Gespräche an oder gab uns durch ihre Fragen Anlass zu munterem Geplauder. Als aber im Verlauf der Unterhaltung die Sprache auch auf den großen Basilius kam, zitterte mir das Herz, Trauer entstellte mein Gesicht, und Tränen stürzten mir aus den Augen. Doch weit davon entfernt, sich durch unseren Schmerz niederdrücken zu lassen, wurde Makrina im Gegenteil durch die Erinnerung an den Heiligen zu höchsten philosophischen Betrachtungen angeregt. Sie ging in aller Ausführlichkeit auf die Frage nach dem Wesen des Menschen ein, zeigte uns, wie sich im Dunkel schwerer Schicksalsschläge das Heilswalten Gottes verbirgt, und sprach in heiliger Begeisterung, von göttlichem Pneuma erfüllt, über das zukünftige Leben. Mir aber wollte es

19 *Makrina*, hl., die älteste Schwester der heiligen Bischöfe Basilius des Grossen, Gregors von Nyssa und Petrus von Sebaste. Gregor schreibt als Augenzeuge über Makrina (gest. 379/380).

scheinen, als sei meine Seele, von ihren Worten mitgerissen, fast schon dem irdischen Leben entrückt und unter der Führung ihrer Rede in die unzugänglichen Tiefen des Himmels versetzt ...

Während die Glut des Fiebers ihre letzte Kraft verzehrte und sie dem Tode immer näher brachte, war es, als habe diese große Frau ihren Leib in kühlendem Tau gebadet, so unbeirrt hielt sie ihren Geist in der Schau der himmlischen Dinge, ohne dass die körperliche Schwäche ihn im geringsten zu trüben vermochte. Würde meine Schrift dadurch nicht uferlos in die Länge gezogen, so erzählte ich gern alles der Reihe nach, wie sie in hohem Gedankenflug mit uns über die Seele philosophierte und die Ursachen für das Leben im Fleisch erklärte, wie sie davon sprach, warum und inwieweit der Mensch sterblich sei, woher der Tod stamme und worin die Erlösung vom Tode zum Leben bestehe. All diese Fragen ging sie klar und folgerichtig durch, als durchwehe sie der mächtige Atem des heiligen Pneumas, und die Rede floss ihr in aller Leichtigkeit dahin, wie Wasser aus einer Quelle unaufhaltsam zu Tale strömt... Während sie so sprach, hätte ich gewünscht, der Tag möge länger dauern, nur damit sie nicht aufhöre, unser Ohr mit dem Wohllaut ihrer Rede zu erfreuen; doch die Stimmen der Psallierenden riefen uns zur abendlichen Danksagung. Die große Frau schickte auch mich zur Kirche und kehrte im Gebet wieder zu Gott zurück. So verging die Nacht. Als der Morgen anbrach, war es mir nach allem, was ich sah, klar, dass der heraufkommende Tag für sie die Grenze ihres irdischen Lebens bedeuten würde; denn das Fieber hatte die Kräfte ihres Leibes völlig verzehrt. Da sie sah, wie wenig wir seelisch aushalten konnten, versuchte die Kranke, uns von unseren allzu bangen Befürchtungen abzulenken und durch die gleichen guten Worte wie gestern unseren Schmerz zu zerstreuen; doch ging ihr Atem schon schwach und beengt.

Meine Seele war bei diesem Anblick von den widerstreitendsten Gefühlen bewegt. Einerseits war es nur zu verständlich, dass der rein natürliche Mensch in mir von tiefer Traurigkeit niedergedrückt war, durfte ich doch nicht hoffen, diese Stimme noch einmal zu hören ... Andererseits war ich von dem Schauspiel, das sich mir bot, so hingerissen, dass ich wahrhaftig an die Grenze des irdischen Lebens gekommen zu sein glaubte. Denn dass die Sterbende selbst in den letzten

Zügen, in der Erwartung ihres Hinübergangs, keine Veränderung erfuhr und nicht die mindeste Furcht hatte, vom Leben zu scheiden, sondern hochgemut bis zu ihrem letzten Hauch bei der Überzeugung verharrte, die sie sich von Anfang an über dieses Leben gebildet hatte, das kam mir schon nicht mehr menschlich vor. Es erschien mir eher wie das Verhalten eines Engels, der auf Gottes Geheiß Menschengestalt angenommen hat. Ihn bindet keine Verwandtschaft, keine Zugehörigkeit an das Fleisch; kein Wunder also, wenn sein Geist in vollkommener Unberührtheit von jedem Leiden verharrt, da ihn ja das Fleisch nicht zu seinen Leiden hinabziehen kann. Ich gewann damals den Eindruck, als offenbare Makrina gerade durch dieses Verhalten vor allen Anwesenden die heilige, reine Liebe zu ihrem unsichtbaren Bräutigam, die sie tief verborgen in den geheimsten Gründen ihrer Seele nährte, und als bekunde sie durch ihr Verlangen, so bald wie möglich von den Fesseln des Leibes befreit und bei dem Geliebten zu sein, die Grundstimmung ihrer Seele. Ihm war sie in der Tat wie einem liebenden Freund entgegengeeilt, und keine andere Lust dieser Welt hatte ihr Auge auf sich zu ziehen vermocht...

Der größte Teil des Tages war schon vergangen, und die Sonne neigte sich dem Untergang zu. Doch Makrinas freudige Zuversicht erlahmte nicht, sondern je näher es dem Ende zuging, umso klarer schaute sie die Schönheit des Bräutigams, umso sehnlicher eilte ihr Verlangen dem Geliebten entgegen. Sie sprach nicht mehr mit uns Anwesenden, sondern einzig mit ihm, auf den sie unverwandt ihren Blick richtete; ihr Lager war dem Sonnenaufgang zugewendet. Sie hatte das Gespräch mit uns abgebrochen und verkehrte nur noch im Gebet mit Gott, mit den Händen flehend und leise flüsternd; wir konnten ihre Worte kaum noch verstehen. Doch war ihr Gebet derart, dass kein Zweifel darüber sein konnte: es richtete sich an Gott, und er hörte sie.

„Du hast die Todesfurcht von uns genommen, Herr“, sprach sie. „Du hast das Ende dieses irdischen Lebens für uns zum Beginn des wahren Lebens gemacht. Du lässt unsere Leiber nur für eine Weile im Schlummer ruhen und weckst sie wieder auf beim Schall der letzten Posaune. Der Erde übergibst du unsere Erde, die du mit deinen Händen gebildet hast, zum Aufbewahren; du nimmst wieder an dich, was du ihr anvertrautest, und gestaltest in Unverweslichkeit und heiliger Anmut neu, was sterblich und ungestalt an

uns war. Du hast uns von Fluch und Sünde erlöst; denn beides bist du für uns geworden. Du hast das Haupt des Drachen zertreten, der den Menschen im Rachen des Ungehorsams verschlungen hatte. Du hast uns den Weg zur Auferstehung frei gemacht; denn du hast die Tore der Hölle zertrümmert und den Teufel, der die Macht über den Tod in Händen hielt, vernichtet. Du hast denen, die dich fürchten, das Siegel aufgedrückt, das Zeichen des heiligen Kreuzes, dem Widersacher zum Verderben und zum Schutz unseres Lebens. Ewiger Gott, dem ich zugeteilt wurde vom Mutterleib an: Dich hat meine Seele geliebt aus aller Kraft; dir habe ich Leib und Seele geweiht von meiner Jugend an bis auf den heutigen Tag! Stelle mir den lichten Engel zur Seite; er soll mich geleiten an den Ort der Erquickung, dorthin, wo das Wasser der Ruhe ist, in den Schoß der heiligen Väter! Du hast ja das Flammenschwert zerbrochen und den Menschen, der mit dir gekreuzigt wurde und sich deinem Erbarmen anheim gab, dem Paradies wiedergegeben. Gedenke meiner in deinem Königreich! Auch ich bin mit dir gekreuzigt; denn ich habe mein Fleisch angenagelt aus Furcht vor dir, und Schrecken erfüllt mich vor deinen Gerichten. Lass nicht zu, dass der furchtbare Abgrund mich von deinen Auserwählten trennt; lass den Verleumder mir nicht in den Weg treten, und lass meine Sünde nicht vor deinen Augen stehen, wenn ich durch die Schwachheit unserer Natur in die Irre geführt worden bin und in Wort, Werk und Gedanken gesündigt habe. Vergib mir, der du auf Erden Gewalt hast, Sünden zu vergeben, damit ich frei aufatmen kann und, wenn ich das Gewand des Leibes ablege, meine Seele in fleckenloser Schönheit vor deinem Antlitz steht. Ohne Fehl und Tadel möge sie von deinen Händen aufgenommen werden wie ein Weihrauchopfer vor dir!“

Während sie so sprach, besiegelte sie mit dem Zeichen des Kreuzes die Augen, den Mund und das Herz. Allmählich vermochte die Zunge, von der Fieberglut ganz verbrannt, die Worte nicht mehr zu bilden, und ihre Stimme versagte; nur am Öffnen der Lippen und an der Bewegung der Hände erkannten wir, dass sie betete.

Inzwischen war der Abend hereingebrochen, und das Licht wurde gebracht. Da öffnete sie weit ihre Augen und schaute in den hellen Schein, und man konnte deutlich erkennen, dass sie die abendliche Lichtdanksagung sprechen wollte. Da ihr aber die Stimme versagte, führte sie mit dem Herzen und mit der Bewegung der Hände ihren Vorsatz aus, und auch ihre Lippen folgten der Aufwallung des Herzens.

Als sie die Danksagung beendet hatte und ihre Hand mit der Besiegelung der Stirn das Ende des Gebetes anzeigte, atmete sie lang und tief auf und vollendete mit dem Gebet auch ihr Leben.

Martin von Tours[20]

Martinus wusste seinen Tod lange vorher und sagte den Brüdern, die Auflösung seines Leibes stehe bevor. Indes musste er noch die Diözese Candes visitieren. Unter den Klerikern dieser Kirche war ein Zwist ausgebrochen, und Martinus wollte den Frieden unter ihnen wiederherstellen. Wohl wusste er, dass das Ende seiner Tage nahe war, doch weigerte er sich deshalb nicht, die Reise anzutreten, sondern meinte, es sei die schönste Vollendung seines segensreichen Wirkens, wenn er der Kirche einen neugeschenkten Frieden hinterlasse. So brach er auf, wie immer von zahlreichen frommen Schülern begleitet. ...

Er blieb eine Zeitlang in jener Ortschaft bzw. Gemeinschaft. Als er den Frieden in ihr wiederhergestellt hatte und eben daran dachte, in sein Kloster zurückzukehren, verließen ihn plötzlich die Körperkräfte. Er rief seine Brüder zusammen und teilte ihnen mit, dass er sterben müsse. Da ergriff Wehmut und Trauer die Seinen, und klagend riefen sie wie aus einem Munde: *„Warum verlässt du uns, Vater? Wem hinterlässt du uns so ohne Trost? Reißende Wölfe werden in deine Herde einbrechen; wer bewahrt uns vor ihren Bissen, wenn der Hirt geschlagen ist? Wir wissen wohl, dass du dich nach Christus sehnst; aber dein Lohn ist dir gewiss, er wird dir nicht verkürzt, wenn dein Leben noch ein Weilchen dauert. Hab doch Mitleid mit uns, die du verlassen willst!"*

Ihre Klagen rührten Martin, und er, dessen Herz so voll tiefen Erbarmens im Herrn war, soll in Tränen ausgebrochen sein. Er wandte sich zu Gott und betete: *„Herr, wenn ich deinem Volk noch notwendig bin, so sträube ich mich nicht dagegen, die Mühe des Lebens weiter zu tragen; dein Wille geschehe!"* Zwischen Hoffnung und Kummer schwankend, wusste er fast nicht mehr, was er wünschen sollte; denn er wollte weder die Seinen im Stich lassen noch länger von Christus getrennt sein. Aber er überließ nichts dem eigenen Wünschen und Wollen, sondern gab sich ganz der Entscheidung und dem Willen des Herrn anheim und

20 *Martin von Tours*, hl., Bischof und erster großer abendländischer Mönchsvater. Seine Biographie ist von Sulpicius Severus überliefert, der selbst Mönch und von Martin stark beeinflusst war. Martin starb am 8. November 397.

betete: *„Schwer ist der leibliche Kampf in deinem Dienst, Herr, und ich habe genug gestritten. Doch wenn du befiehlst, ich solle noch länger mein Werk tun, solle auch in Zukunft schützend vor deinem Heerlager stehen, dann will ich mich nicht weigern und nicht die Erschöpfung durch mein hohes Alter vorschützen. Mit aller Hingabe will ich die Pflichten erfüllen, die du mir auferlegst, und unter deinen Feldzeichen kämpfen, solange du selbst es gebietest. Zwar wäre mir altem Mann die Ruhe nach aller Mühsal willkommen; doch siegt der Geist über die Jahre und kennt kein Nachgeben gegenüber dem Alter. Willst du aber das Alter schonen, Herr, dann ist dein Wille Segen für mich; nur diese hier, für die ich fürchte, nimm in deine Hut!"*

Welch ein wunderbarer Mann! Mühsal konnte ihn nicht überwinden, auch der Tod sollte es nicht vermögen; denn Martinus neigte nach keiner Seite hin und fürchtete sich weder zu sterben, noch weigerte er sich weiterzuleben. Mehrere Tage lang lag er im Fieber; trotzdem ließ er nicht ab vom Gotteslob. Er verbrachte die Nächte im Gebet und zwang so die erlahmenden Glieder, dem Geist zu dienen. Da lag er auf seinem „vornehmen" Lager von Sack und Asche; und als seine Schüler ihn baten, er solle sich doch wenigstens eine einfache Strohschütte unterbreiten lassen, erwiderte er: *„Es ziemt einem Christen nicht, anders als auf Asche zu sterben. Hinterließe ich euch ein gegenteiliges Beispiel, so wäre das Sünde."* Er hielt Augen und Hände immerfort zum Himmel erhoben und ließ seinen unbezwinglichen Geist nicht im Gebet ermatten. Als die Priester, die an seinem Lager zusammengekommen waren, ihn baten, er möge sich einmal auf die andere Seite legen, um etwas Erleichterung zu finden, gab er zur Antwort: *„Lasst mich nur, Brüder, lasst mich lieber den Himmel anschauen als die Erde, damit der Geist, wenn er bald zu seinem Herrn geht, den richtigen Weg findet."*

Kaum hatte er dies gesagt, sah er den Teufel dicht neben sich stehen. *„Was stehst du hier, du grausames Tier?"* fuhr er ihn an, *„an mir wirst du nichts finden, du Unhold. Ich werde ruhen in Abrahams Schoß."* Mit diesen Worten gab er Gott seinen Geist zurück. Wie die Anwesenden uns bezeugten, war sein Antlitz anzusehen wie das Angesicht eines Engels; seine Glieder aber erschienen weiß wie Schnee, so dass man ausrief: *„Wer sollte glauben, dass je ein härenes Gewand ihn bedeckt, dass Asche ihn eingehüllt habe?"* Es war, als zeige er sich schon in der Herrlichkeit der künftigen Auferstehung und in der Wesenheit des verklärten Fleisches.

Vision des Sulpicius Severus

Nachdem du am frühen Morgen von mir gegangen warst, Aurelius, blieb ich allein in meiner kleinen Zelle zurück. Ein Gedanke, der mich viel beschäftigt, kam mir wieder einmal in den Sinn: Hoffnung auf die künftigen Güter und Überdruss an dieser Zeitlichkeit, Furcht vor dem Gericht und Schrecken vor der Strafe; und – was nur folgerichtig und zugleich der Ausgangspunkt für die ganze Gedankenkette war –: die Erinnerung an meine Sünden hatte mich traurig und erschöpft gemacht. Als ich darauf die von der Qual des Herzens ermüdeten Glieder auf dem Lager ausstreckte, überfiel mich, wie es einem bei großer Traurigkeit zu ergehen pflegt, der Schlaf. Wie immer in den Morgenstunden war er nur leicht und unruhig; er breitet sich dann so zögernd und ungewiss über die Glieder aus, dass man, was gewöhnlich beim Schlaf nicht der Fall ist, halbwach fühlt, dass man schläft.

Da sah ich plötzlich den heiligen Bischof Martin vor mir, in ein weißes Gewand gekleidet, mit einem Antlitz wie Feuer, mit Augen, die wie Sterne funkelten, und purpurfarbenem Haar. Er erschien mir in Haltung und Gestalt, wie ich ihn kannte, und doch so, dass ich ihn wohl zu erkennen, aber nicht anzuschauen vermochte. Er lächelte mir zu und hielt dabei in der Rechten das Büchlein, das ich über sein Leben geschrieben hatte. Ich umfasste seine heiligen Knie und bat ihn, wie ich es gewohnt war, um den Segen. Da fühlte ich seine Hand mit sanfter Berührung auf meinem Haupt ruhen, während er bei den feierlichen Segensworten die seinem Mund so vertrauten Worte des Kreuzzeichens sprach. Ich schaute ihn unverwandt an, denn ich konnte mich an dem Anblick seines Gesichts nicht satt sehen; plötzlich wurde er in die Höhe erhoben und mir entzogen, bis er den unermesslichen Luftraum durchmessen hatte und, während ich angespannten Blickes dem von einer raschen Wolke Davongetragenen folgte, vom offenen Himmel aufgenommen wurde und nicht mehr zu sehen war. Bald darauf sah ich auch den heiligen Priester Clarus, seinen Schüler, der kürzlich gestorben war, auf demselben Weg einherschreiten wie den Meister. Ich wollte ihm kühn folgen; doch während ich den Fuß hob, um hinaufzusteigen, erwachte ich. Aus dem Schlaf aufgeschreckt, freute ich mich über das Gesicht, das ich gehabt hatte. Da aber trat ein junger Bediensteter ein, trauriger als sonst, wie einer, der sprechen möchte und dabei betrübt ist. *„Was hast du denn so Trauriges zu sagen?“* fragte ich ihn. Er aber erwiderte: *„Zwei Mönche sind von Tours gekommen; sie melden, dass der Herr Martinus gestorben ist.“* Da sank ich zusammen, ich gestehe es; die Tränen brachen hervor, und ich weinte bitterlich.

Paula[21]

Wer könnte trockenen Auges vom Tode Paulas erzählen! Sie fiel in eine sehr schwere Krankheit; oder besser gesagt, sie fand die ersehnte Möglichkeit, von uns zu gehen und sich noch inniger mit dem Herrn zu vereinigen. Während ihres Dahinsiechens konnten alle die schon immer bewährte Kindesliebe ihrer Tochter Eustochium der Mutter gegenüber noch besser kennen lernen. Sie saß am Bett der Kranken, hielt den Fächer, stützte das Haupt, schob das Kissen zurecht, rieb mit der Hand ihre Füße, wärmte den Magen, richtete ihr ein weiches Lager, bereitete warmes Wasser und reichte ihr Brot. Allen Diensten der Mägde kam sie zuvor und war der Meinung, alles, was sie nicht selbst tue, schmälere ihr Verdienst. Mit welch innigen Bitten, Klagen und Seufzern eilte sie zwischen der daniederliegenden Mutter und der Grotte des Herrn hin und her, um nur ja nicht der Geliebten beraubt zu werden, um nicht ohne sie leben zu müssen; lieber wollte sie mit ihr auf der gleichen Bahre hinausgetragen werden. ...

Doch Paula, die klügste der Frauen, fühlte die Nähe des Todes. Die übrigen Teile ihres Leibes und ihrer Glieder waren bereits erkaltet, nur in der geheiligten Brust pochte noch die Wärme des Lebens. Trotzdem murmelte sie, gleichsam als kehre sie zu den Ihrigen heim und ließe nur Fremde zurück, die Psalmverse vor sich hin: „Herr, ich liebe die Zierde deines Hauses und den Ort, wo deine Herrlichkeit wohnt" (Ps 25,8). „Wie lieb sind deine Gezelte, Herr der Himmelsmächte, meine Seele verzehrt sich vor Verlangen nach den Vorhöfen des Herrn" (Ps 83,1). „Lieber will ich unbeachtet sein im Hause Gottes als wohnen in den Zelten der Sünder" (Ps 83,11).

Als ich sie fragte, warum sie denn schweige, warum sie auf meinen Anruf nicht antworte, ob ihr etwas weh tue, antwortete sie auf griechisch, sie habe keinerlei Beschwerden und alles liege still und ruhig vor ihrem inneren Blick.

21 Die hl. *Paula* (347–404), Witwe aus dem römischen Hochadel, gehörte zum Kreis der hl. Marzella und war eng befreundet mit Hieronymus, dem sie zusammen mit ihrer Tochter Eustochium ins Heilige Land folgte.

Danach verstummte sie und hielt die Augen geschlossen, als verachte sie schon alles Sterbliche; doch wiederholte sie bis zum letzten Atemzug immer wieder die gleichen Psalmverse, so zwar, dass ich kaum vernehmen konnte, was sie sprach. Dann führte sie den Finger an den Mund und zeichnete das Siegel des Kreuzes auf ihre Lippen. Ihr Atem versagte und ging keuchend im Todeskampf; doch die Seele, die auszuziehen begehrte, wandelte noch das Röcheln, mit dem das Leben der Sterblichen endet, in einen Lobpreis auf den Herrn.

Zugegen waren die Bischöfe von Jerusalem und anderen Städten und eine unzählbare Menge von Priestern und Leviten niederen Ranges. Chöre von Jungfrauen und Mönchen füllten das ganze Kloster. Sowie Paula den Ruf des Bräutigams vernahm: „Auf, komm, meine Vertraute, meine Schöne, meine Taube! Denn siehe, der Winter ist vergangen und dahin, die Regenzeit ist vorüber", antwortete sie voll Freude: „Blumen sind aufgesprosst auf der Erde, die Zeit der Lese ist da!" (Hl 2,10 ff.). „Ich glaube, dass ich die Güte des Herrn schauen darf im Lande der Lebenden" (Ps 26,13).

Da brachen nicht Klagegeschrei und Weinen auf, wie es unter den Menschen in der Welt zu gehen pflegt, sondern brausend erklang der Psalmengesang der Mönchschöre in verschiedenen Sprachen. Von den Händen der Bischöfe wurde die Tote umgebettet; die kräftigeren von ihnen trugen die Bahre, andere gingen mit Fackeln und Kerzen vorauf; wieder andere führten die Chöre der Psallierenden an. So wurde sie mitten in der Kirche in der Grotte unseres Erlösers aufgebahrt. ... Und wunderbar! Die Blässe hatte ihr Gesicht nicht entstellt, sondern solche Hoheit und Würde lag über ihrem Antlitz, dass man hätte meinen sollen, sie sei nicht tot, sondern sie schlafe nur.

Marzella[22]

Auch in das Haus der Marzella brachen die Goten unter Alarich ein. *„Es sei mir erlaubt, vom Hörensagen zu künden“ (Vergil, Aen. VI 266)*, oder, besser gesagt, zu erzählen, was heilige Männer gesehen haben, die selbst dabei waren. Du, Prinzipia, warst, wie sie sagen, in der Stunde der Gefahr an Marzellas Seite. Mit unerschrockenem Antlitz soll sie die Eindringlinge empfangen haben. Diese forderten von ihr Gold; sie aber sagte, es gebe keine vergrabenen Schätze, und wies zum Beweis dafür auf ihr einfaches Kleid. Trotzdem konnte sie ihre freiwillige Armut nicht glaubhaft machen. Man schlug sie mit Prügeln und Knuten; doch heißt es, sie habe keinen Schmerz verspürt, nur habe sie unter Tränen fußfällig gebeten, man möge sie nicht von dir trennen und deiner Jugend nicht antun, was ihr eigenes hohes Alter nicht mehr zu fürchten brauchte. Christus erweichte die harten Herzen, und mitten im Blutbad der Schwerter fand ihre fromme Bitte Erhörung. Die Barbaren brachten sie und dich in die Basilika des Apostels Paulus, um euch dort Rettung finden zu lassen oder eine Grabstätte. Da soll Marzella in einem Freudenausbruch Gott gedankt haben, dass er dich unversehrt bewahrt habe, dass die Gefangennahme sie nicht arm gemacht, sondern arm gefunden habe, dass sie, von Christus gesättigt, keinen Hunger fühlte, dass sie mit Wort und Werk sprechen konnte: „Nackt bin ich aus dem Schoß meiner Mutter hervorgegangen, nackt kehre ich dorthin zurück. Wie es dem Herrn gut schien, so ist es geschehen. Der Name des Herrn sei gepriesen!“ (Job 1,21). Wenige Monate später entschlief sie gesunden, unversehrten und blühenden Leibes im Herrn und hinterließ dich als Erbin ihrer Armut, oder vielmehr, sie hinterließ die Armen als Erben und dich als Vollstreckerin ihres Testaments. Unter deinen Händen schloss sie die Augen, unter deinen Küssen gab sie den Geist auf; und mitten unter deinen Tränen lächelte sie im Bewusstsein eines guten Lebens und in der zuversichtlichen Erwartung des künftigen Lohnes.

22 Die hl. Marzella, eine Frau aus den höchsten Adelskreisen Roms, hatte schon 341–343 durch den hl. Athanasius in Rom das mönchische Ideal kennen gelernt und verwirklicht. Früh verwitwet sammelte sie in ihrem Palast zahlreiche Jungfrauen und Witwen um sich. Sie war eng befreundet mit Hieronymus. Gestorben August 410.

Augustinus, Bischof und Kirchenlehrer[23]

Der Heilige pflegte uns im vertrauten Gespräch zu sagen, nach dem Empfang der Taufe dürften selbst die besten Christen und Priester nicht ohne würdige und angemessene Buße aus diesem Leben scheiden. So hat er persönlich es in seiner Todeskrankheit gehalten. Er hatte sich die kürzesten von den Bußpsalmen Davids aufschreiben lassen und schaute nun in den Tagen seiner Krankheit von seinem Bett aus unverwandt auf die Blätter, die an die gegenüberliegende Wand geheftet waren, las sie und vergoss darüber unablässig heiße Tränen.

Damit niemand ihn in seiner Sammlung störe, gab er etwa zehn Tage vor seinem Hinscheiden uns, die wir bei ihm waren, die Anweisung, es dürfe keiner zu ihm hineinkommen, ausgenommen zu den Stunden, wenn die Ärzte zur Visite erschienen, und wenn ihm das Essen gebracht würde. So wurde es auch gehalten; er widmete sich die ganze Zeit über dem Gebet. Bis zu dieser seiner letzten Krankheit hatte er das Wort Gottes ununterbrochen mit Eifer und Unerschrockenheit, mit Besonnenheit und gesunder Einsicht in der Kirche verkündet. Alle Glieder seines Leibes waren unversehrt, unvermindert Sehkraft und Gehör, als er, wie es in der Schrift heißt, in gesegnetem Alter zu seinen Vätern entschlief. Wir aber standen dabei, schauten zu und beteten. Vor der Beisetzung seines Leibes wurde in unserer Gegenwart Gott das Opfer dargebracht; dann wurde er bestattet. Ein Testament setzte er nicht auf; denn als Armer Gottes hatte er nichts, worüber er es hätte machen können.

23 Augustinus, hl., Kirchenlehrer, geboren 354, getauft 387 durch Ambrosius, den Bischof von Mailand, 391 zum Priester geweiht, 396 Bischof von Hippo, gestorben am 28. August 430. Er gilt als einer der großen geistlichen Führer des Abendlandes.

Melania die Jüngere[24]

Wie ein guter Läufer, der die Rennbahn durchmessen hat, nach dem Kampfpreis verlangt (vgl. 1 Kor 9,24), hatte die Heilige es eilig, „aufgelöst zu werden und bei Christus zu sein“ (Phil 1,23). Auch sie seufzte, wie der Apostel sagt, und sehnte sich danach, mit der himmlischen Wohnung überkleidet zu werden (vgl. 2 Kor 5,2). Als das Geburtsfest des Erlösers gekommen war, sagte sie zu ihrer Base Frau Paula: *„Wir wollen nach Bethlehem gehen; denn ich weiß nicht, ob ich dieses Fest noch einmal erleben werde.“* So gingen die beiden Frauen nach Bethlehem, machten dort die ganze Vigilfeier mit und nahmen in der Frühe an den schauererregenden Mysterien teil. Danach sagte die Heilige, als hätte sie von Gott selbst die Gewissheit erhalten, zu ihrer Base: *„Bete für mich! Von jetzt an musst du das Geburtsfest des Herrn allein feiern; denn das Ende meines Lebens ist nahe.“* Als Paula dies hörte, war sie tief bestürzt. Die beiden Frauen verließen Bethlehem und kehrten ins Kloster zurück; sofort darauf ging die Heilige, ohne der Ermüdung durch die Nachtwache und die Reise zu achten, zur Geburtsgrotte hinaus und betete innig. Am anderen Morgen gingen wir zur Kirche des heiligen Erzmärtyrers Stephanus – es war der Gedächtnistag seines Heimgangs –, feierten dort den Gottesdienst und kehrten dann heim. In der nächtlichen Feier lasen wir aus der Apostelgeschichte den Heimgang des heiligen Stephanus; zuerst ich, dann drei Schwestern und als letzte von allen auch Melania. Als sie ihren Abschnitt beendet hatte, sagten alle Schwestern zu der Heiligen: *„Mögest du gesund bleiben und noch viele Jahre lang das Gedächtnis der Heiligen feiern!“* Doch sie antwortete mit einer Gewissheit, als sei sie ihr vom Himmel zuteil geworden: *„Bleibt auch ihr gesund! Mich aber hört ihr nicht mehr lesen.“* Dieses Wort ängstigte alle; denn sie wussten wohl, dass Melania aus prophetischer Eingebung heraus sprach. Und als tue sie den Schritt aus dieser Welt hinüber zum

24 *Melania die Jüngere,* (383/84 – 439), Enkelin der älteren Melania, einzige Erbin eines vielfachen Millionenvermögens, das sie restlos der Kirche und den Armen spendete. Sie starb bettelarm in ihrem Kloster in Jerusalem. Ihr Biograph ist ihr Schützling und Nachfolger *Gerontius.*

Kyrios schon jetzt, hinterließ die Heilige den Ihrigen ihr geistliches Vermächtnis in den Worten: *„Ich bitte euch, feiert auch nach meinem Tode das Offizium in Ehrfurcht und Nüchternheit; denn es steht geschrieben:* Verflucht, wer das Werk des Herrn nachlässig tut!' (Jer 48,10). *Wenn ich mich auch dem Fleisch nach bald von euch trennen muss und nicht mehr bei euch sein kann, so ist doch Gott, der immer ist und das All erfüllt, bei euch und kennt die Herzenstiefen einer jeden. Ihn habt allzeit vor Augen, bewahrt eure Seelen in Liebe und Reinheit bis ans Ende und denkt daran, dass wir alle vor seinen furchtbaren Richterstuhl treten werden (vgl. Rom 14,10). Dann wird jede einzelne den Lohn für ihre Mühen oder die Strafe für ihre Sünden empfangen."* Als alle in laute Klagen ausbrachen, weil sie eine so gute Führerin und solch eine von Gottes Geist erfüllte Lehrerin verlieren sollten, wandte sie sich von ihnen ab und sagte zu meiner Wenigkeit: *„Wir wollen in die Kirche des Männerklosters gehen um zu beten; auch dort ruhen ja Reliquien des heiligen Stephanus."* In tiefem Schmerz erfüllte ich die Bitte der Seligen und folgte ihr. In der Kirche betete sie unter Tränen, als sei sie schon in die Gemeinschaft der heiligen Märtyrer aufgenommen: *„Herr, du Gott der heiligen Märtyrer; du kennst alles, noch ehe es entsteht, du weißt, worauf mein Sinn gestellt war von Anfang an. Dich habe ich geliebt aus ganzem Herzen, und in deiner Furcht klebte mein Gebein an meinem Fleisch* (vgl. Ps 101,6). *Dir, meinem Bildner, habe ich Seele und Leib geweiht vom Mutterschoß an* (vgl. Ps 21,11), *und du nahmst mich bei der Hand und führtest mich nach deinem Ratschluss* (vgl. Ps 72,23). *Doch ich bin ein Mensch und habe oftmals in Wort und Werk gesündigt vor dir, dem allein Reinen und Sündelosen. Nimm daher mein Gebet, das ich unter Tränen durch deine sieggekrönten Heiligen vor dein Angesicht bringe, gnädig auf. Reinige mich, deine Magd. Nichts soll die Schritte meiner Seele hemmen, wenn ich zu dir komme, und die bösen Dämonen des Luftreiches sollen mich nicht aufhalten. Fleckenlos lass mich, geleitet von deinen heiligen Engeln, zu dir hinüberschreiten. Lass mich deines himmlischen Brautgemachs gewürdigt werden und deine gebenedeite Stimme hören, wenn du einst zu denen, die dir Wohlgefallen, sprichst:* ‚Kommt her, ihr Gesegneten meines Vaters, und nehmt das Reich in Besitz, das euch bereitet ist seit Anbeginn der Welt' (Mt 25,34). *Denn dein ist das unaussprechliche Erbarmen und die Fülle der Barmherzigkeit; du errettest alle, die auf dich* *hoffen.*" Darauf wandte sie sich in ihrem Gebet an die heiligen Märtyrer: *„Ihr Streiter des Herrn, im Bekenntnis zu ihm habt ihr euer kostbares Blut vergossen; habt Mitleid mit eurer niedrigen Magd, die eure Reliquien stets verehrt hat. Wie ihr mich allzeit erhört habt, so verwendet euch auch jetzt für mich bei dem menschenliebenden Gott – ihr dürft ja ein freimütiges Wort vor ihm sprechen –, er möge meine Seele in Frieden aufnehmen und meine Klöster bis zum Ende in seiner Furcht bewahren."*

Sie hatte noch kaum ihr Gebet beendet, da befiel sie ein Schüttelfrost. Wir kehrten in das Jungfrauenkloster zurück und trafen die Schwestern noch beim Psalmengebet. Ich war von dem Schmerz, der mein Herz beengte, so erschöpft, dass ich nicht mehr stehen konnte, und musste mich ein wenig ausruhen; aber Melania eilte trotz ihres Befindens sofort wieder zum Offizium. Als die Schwestern merkten, dass sie krank war, setzten sie ihr mit vielen Bitten zu: *„Nun ruhe dich doch ein wenig aus, du kannst ja nicht mehr stehen."* Sie aber war nicht zu bewegen, sondern sagte: *„Zunächst wollen wir das Morgenlob vollenden."* Erst als die ganze Liturgie beendet war, ging sie und legte sich nieder; und nun verspürte sie heftige Seitenschmerzen und erkrankte sehr schwer. Sie ließ meine Wenigkeit und die Schwestern holen und sprach zu mir: *„Sieh, ich gehe nun zum Herrn; bete für mich!"* Als ich das hörte, griff noch tieferer Kummer mir ans Herz. Dann wandte sich die Kranke wieder an die Jungfrauen: *„Auch euch bitte ich, für mich zu beten. Ich habe ja nie einer von euch Böses gewollt; doch sollte ich einmal der einen oder anderen ein härteres Wort gesagt haben, so tat ich es um einer höheren Liebe willen. Achtet auf euch als echte Mägde Christi; verbringt die Lebenszeit, die euch noch bleibt, in aller Klugheit, dass ihr mit hellbrennenden Lampen an jenem Tage dem himmlischen Bräutigam gefallt. Und nun befehle ich euch Gott an, der Macht hat, eure Seelen und Leiber zu bewahren. Auch dem Herrn Priester hier lege ich euch ans Herz und bitte euch: Macht ihm keinen Kummer, sondern seid ihm in aller Demut untertan. Ihr dürft nicht vergessen, dass auch er um Gottes willen eure Last trägt. Wer sich ihm widersetzt und nicht gehorcht, betrübt Gott."* Nach diesen Worten äußerte sie den Wunsch, man möge sie ins Oratorium bringen: *„Bringt mich in die Nähe der heiligen Märtyrer!"*

Als ihre Schmerzen immer mehr zunahmen, sagte die Kranke zu uns: *„Der Tag ist erfüllt."* Da jammerten alle laut; vor allem die Jungfrauen waren traurig, dass sie die Mutter verlieren sollten, die sie mit wahrhaft zärtlicher Sorge geliebt hatte. Da die Heilige sah, dass auch mein Herz voll tiefen Kummers war, sagte sie am fünften Tag ihrer Krankheit, ihrem Sterbetag, zu mir: *„Kind, ihr mögt noch soviel beten und weinen, es nützt doch nichts; ich habe in meinem Herzen eine Stimme sagen hören, ich müsse unbedingt von den Fesseln des Leibes befreit werden und zum Herrn heimgehen; der Herr selbst hat es so bestimmt."* Es war in der Morgenfrühe des Herrentages, und noch vor Sonnenaufgang sagte sie zu mir: *„Sei so gut und bring uns das heilige Opfer dar!"* Vor lauter Schmerz konnte ich während der Opferdarbringung nicht laut sprechen. Die Kranke aber, schon im Todeskampf, ließ mir, da sie die Epiklese nicht hörte, noch während ich am Altar stand, sagen: *„Sprich lauter, damit ich die Epiklese hören kann!"*

Nachdem sie so an den heiligen Mysterien teilgenommen hatte, kam der Hochwürdigste Herr Erzbischof mit seinem Klerus. Sie unterhielten sich eine ganze Weile über das Heil der Seele; schließlich sagte die Selige zum Bischof: *„Ich empfehle dir den Priester und unsere Klöster; sorge für sie als guter Hirt der vernunftbegabten Schäflein nach dem Vorbild deines Herrn."* Der Erzbischof aber war von Schmerz bewegt bei dem Gedanken, wie viel Gutes mit Melania diese Welt verlassen sollte. Zum Schluss bat die Heilige ihn auch noch um die Kommunion und entließ ihn in Frieden. Danach erschienen die Mönche des von ihr gegründeten Klosters. Zu ihnen sagte die Sterbende: *„Ich möchte mich von euch verabschieden; denn ich bin im Begriff, dies zeitliche Leben zu verlassen. Ich bitte euch, macht es dem Priester in allem leicht und bedenkt, dass ihr in ihm dem Gott des Alls selbst eure Hilfe leiht; denn obschon er völlig frei war, hat er sich doch zu euer aller Diener gemacht um des Herrn willen, und ohne jeglichen Zwang von außen trägt er euer aller Last."*

Dann kamen die Bewohner der übrigen Klöster und viele Leute aus der Stadt; und die wahrhaft edle Frau kümmerte sich liebevoll um jeden einzelnen trotz der heftigen Schmerzen, die ihren Leib marterten; starken Herzens sagte sie gelassen jedem ein ganz persönliches Lebewohl. Danach kam ihre Base Frau Paula mit all ihren Gefährtinnen zu ihr. Ihnen allen sprach die Sterbende gut zu und tröstete besonders Paula selbst, die über ihr Scheiden tief betrübt war, segnete sie, betete für alle und entließ sie. Zuallerletzt richtete sie an meine Wenigkeit die Worte: *„Bei deiner Liebe zu Gott ist es wohl überflüssig, dass ich dich eigens bitte, für die Klöster zu sorgen; denn schon zu meinen Lebzeiten warst du es, der mit mir zusammen die Sorge und Last für alle trug und sich in meinem Namen um alle annahm. Darum lege ich dir die Klöster auch jetzt ans Herz und bitte dich, wenn ich nicht mehr da bin, deine Mühe um sie zu verdoppeln. Gott wird dich dafür im kommenden Leben belohnen."* Nachdem sie sich so in Frieden von allen verabschiedet hatte, bat sie: *„Betet!"* Dann entließ sie alle mit den Worten: *„Lasst mich nun ruhen!"* Um die neunte Stunde begann ihr Bewusstsein zu schwinden. In der Meinung, sie sei schon verschieden, versuchten wir, ihre Füße zu strecken. Da kam sie wieder ein wenig zu sich und sagte mit leiser Stimme zu meiner Wenigkeit: *„Die Stunde ist noch nicht da."* Unfähig, meinen Schmerz noch länger zu ertragen, gab ich ihr zur Antwort: *„Wenn die Stunde da ist, willst du es uns dann vorher sagen?"* Sie erwiderte: *„Ja"*, und ich glaube, sie wollte damit andeuten, es werde nicht nötig sein, nach ihrem Verscheiden ihren Leib in die rechte Lage zu bringen. Mit mir zusammen weilten heilige Männer an ihrem Lager; denn sie hatte immer darum gebetet, einmal inmitten von Heiligen ihren Geist aufgeben zu dürfen. Der Hochwürdigste Herr Erzbischof war noch einmal gekommen und außerdem die heiligen Einsiedler aus der Umgebung von Eleutheropolis. Diese sagten zu der Heiligen: „Du hast auf Erden den guten Kampf gekämpft und gehst nun voll Freude zum Herrn, und alle Engel freuen sich. Wir aber sind sehr traurig darüber, dass wir deine gesegnete Gegenwart verlieren." Da antwortete die Sterbende noch einmal – und es war ihr letztes Wort –: „Wie es dem Herrn gefallen hat, so ist es geschehen" (Hiob 1,21). Darauf übergab sie sanft und ruhig, voll Freude und Frohlocken ihre Seele ihrem Gebieter. Es war am Abend des heiligen Herrentages, auch dies ein Zeichen ihrer großen Liebe zum Herrn und seiner heiligen Auferstehung. Ihr Leichnam aber bedurfte keiner zurechtrückenden Hand mehr. Die Füße waren ausgestreckt, beide Hände lagen gefaltet über der Brust, und ihre Augen waren ganz natürlich geschlossen. Wie die Selige angeordnet hatte, strömten nun von allen

Seiten die heiligen Väter herbei und hielten die ganze Nacht mit aller Feierlichkeit Psalmengesang und Lesungen. Daran anschließend begrub man sie.

Hypatius[25]

Der heilige **Hypatius** war achtzig Jahre alt; vierzig davon war er der Gute Hirt der Herde Christi und eine Zierde des priesterlichen Standes gewesen. So hatte er sich als vollkommener und Gott wohlgefälliger Diener Christi erwiesen. Achtzig Schüler hatte er zu Gott vorausgesandt. Nun weissagte er: „... *Kinder, ein furchtbarer Zornesausbruch steht der Welt bevor, und es ist gut, zum Herrn heimzugehen, ehe die Prüfung hereinbricht. Habt wohl acht auf euch selbst; ich habe das Meinige getan. Seid eifrig bemüht, dem Herrn als echte Söhne zu dienen; wirkt euer Heil in Furcht und Zittern, so wie ihr es bei mir gesehen habt. Was Gott selbst mich gelehrt hat, habe ich euch überliefert. An dieser Überlieferung sollt ihr festhalten. Ich vertraue auf Gott, dass er euch niemals verlässt, wenn ihr sein Werk tut. Wie er sich meiner erbarmt hat, so wird er sich auch eurer erbarmen; ihr werdet den vollen Lohn erhalten und ihr werdet mir wiedergeschenkt werden als meine wahren Kinder. Dann dürfen wir gemeinsam Hausgenossen der Heiligen sein.*“

Die Worte des Heiligen gaben uns Kraft, und doch weinten wir, weil wir erkannten, dass er sich nach seiner Vollendung sehnte. Nach fünftägiger Krankheit sprach er am sechsten Tag, einem Herrentag: *„Ruft die Brüder, dass ich ihnen die Kommunion reiche!“* Gleich danach fiel er in Ekstase, und während er noch die Eulogien austeilte, wobei ein anderer seine Hand stützen musste, stimmte er den Psalm an: „Wohlan, lasst uns jubeln dem Herrn!“ (Ps 94). Die Brüder setzten den Psalm fort und empfingen die Kommunion aus seiner Hand; aber alle weinten, weil sie erkannten, dass in Wirklichkeit die Engel, die ihn in Empfang nehmen wollten, jubelten, und dass er deshalb angestimmt hatte: „Wohlan, lasst uns jubeln dem Herrn!“ Es war, als sehe er Bischöfe und liebe Freunde kommen, ihn abzuholen, und es sah so aus, als erhielte er von einem Nahestehenden Eulogien und reiche sie in der Entrückung an den nächsten weiter, ohne dass der Empfänger zu sehen gewesen wäre. Aber auch alle Freunde, Mönche und Kleriker, die

25 *Hypatius*, hl., geborener Phrygier, Mönch in Thrakien (Chalkedon), biographisch bezeugt durch seinen Schüler Kallinikus. Er starb am 17. Juni 446.

gekommen waren, erhielten von ihm Eulogien. Nachdem er alle gesegnet und ihnen den Friedenskuss gegeben hatte, entschlief er in Frieden.

Simeon Stylites[26]

Es war an einem Freitag. Simeon hatte sich zum Gebet verneigt, wie es seine Gewohnheit war, und verharrte so den ganzen Freitag, den Samstag und den Herrentag, ohne sich wie sonst wieder aufzurichten, um die kniende Menge zu segnen. Als ich das sah, stieg ich zu ihm hinauf und schaute ihm ins Gesicht. Es strahlte wie die Sonne; aber er antwortete mir nicht, wie er es sonst immer tat. Ich sagte mir: er schläft; aber dann glaubte ich es wieder nicht und fürchtete mich, näher an ihn heranzugehen. Schließlich fasste ich mir ein Herz und redete ihn an: *„Mein Herr, warum sprichst du nicht mit mir und beendest dein Gebet nicht? Siehe, alle Welt wartet nun schon seit drei Tagen darauf, den Segen zu empfangen."* Nachdem ich wieder eine Stunde lang so dagestanden hatte, fragte ich ihn: *„Willst du mir denn gar keine Antwort geben, Herr?"* Dabei streckte ich die Hand aus und zupfte ihn am Bart. Doch nun sah ich, dass sein Leib ganz schlaff war, und erkannte, dass er tot war. Da barg ich mein Gesicht in den Händen und weinte bitterlich. Dann bückte ich mich, küsste seinen Mund, seine Augen und seinen Bart, schlug seinen Rock zurück und küsste seine Füße, ergriff seine Hand und legte sie auf meine Augen. Über seinem ganzen Leib und seinen Kleidern lag ein Duft wie von Myrrhenöl, der mein Herz mit Freude erfüllte. Wohl eine halbe Stunde blieb ich so stehen und betrachtete seinen ehrwürdigen Leichnam, und siehe da, plötzlich erbebte sein Leib mitsamt der Säule, und ich hörte eine Stimme sprechen: *„Amen, Amen, Amen!"* Und voll Furcht rief ich: *„Segne mich, Herr, und gedenke meiner in deiner seligen Ruhe!"*

26 *Simeon Stylites* der Ältere, hl. (etwa 390–459), brachte dreißig bis vierzig Jahre stehend auf einer Säule in der Nähe von Aleppo zu. Er war das „Wunder" seines Zeitalters und übte auf die damalige Welt einen ungeheuren Einfluss aus.

Euthymius[27]

Außer den anderen Gnadengaben, die der große Euthymius besaß, war es ihm auch geschenkt worden, den Tag seines Heimgangs sowie die zukünftigen Schicksale seines Klosters vorherzusehen. Ich will unverzüglich wahrheitsgetreu wiedergeben, was die Väter über seinen Heimgang berichten.

Als am Oktavtag von Epiphanie, an dem Euthymius sonst immer ins Innere der Wüste zu gehen pflegte, die Brüder, die ihm das Geleit geben und mit ihm hinausgehen wollten – darunter auch Martyrius und Elias –, zusammenkamen und sahen, dass er nichts angeordnet oder vorbereitet hatte, wie es sonst seine Gewohnheit war, fragten sie ihn: *„Gehst du morgen nicht fort, ehrwürdiger Vater?"* Der Heilige antwortete: *„Diese Woche bleibe ich noch, und am Samstag gehe ich nach Einbruch der Nacht fort."* Damit kündete er sein Ende an.

Drei Tage später aber ließ er eine Vigilfeier zum Gedächtnis unseres heiligen Vaters Antonius halten. In dieser Nachtwache nahm er die Priester mit in das Diakonikon und sagte zu ihnen: *„Von nun an werde ich in diesem Fleisch keine Nachtwache mehr mit euch halten. Gott hat mich zu sich gerufen; geht daher hinaus, schickt mir den Dometian und ruft in der Frühe die Väter."* Als alle bei ihm versammelt waren, sprach er: *„Meine lieben Brüder, ich mache mich nun auf den Weg meiner Väter; ihr aber haltet, wenn ihr mich liebt, diese Gebote: Anfang und Vollendung all eurer guten Werke sei immer die lautere Agape; sie ist das Band der Vollkommenheit* (vgl. Kol 3,14). *Wie man Brot nicht essen kann ohne Salz, so ist es unmöglich, ohne Agape Tugend zu üben. Erst mit Hilfe von Liebe und Demut werden alle Tugenden durch Prüfungen, Ausdauer und Gnade gefestigt. Die Demut erhöht, und die Liebe lässt nicht von der Höhe herabfallen; denn* ‚wer sich selbst erniedrigt, wird erhöht werden' (Lk 18,14), *und* ‚die Liebe fällt niemals' (1 Kor 13,8). *Die Liebe aber ist größer als die Demut; denn aus Liebe zu uns hat der Gott-Logos sich gedemütigt und ist geworden wie*

27 *Euthymios der Große*, hl., (377–473), bedeutender palästinensischer Mönch, der die große Blüte des Mönchtums in Palästina einleitete (Kyrillos von Skythopolis, Leben des Euthymios nach Sammlung von Quellenmaterial unter den alten Mönchen um 554).

einer aus uns. Darum müssen wir ihn ohne Unterlass aus freiem Herzen preisen und Loblieder und Danksagungen zu ihm empor senden, wir vor allem, die wir all der vielen weltlichen Sorgen los und ledig sind. Dazu sind wir nicht nur durch unser Abkommen mit ihm verpflichtet, sondern auch durch die Dankbarkeit für dieses Leben ohne äußere Ablenkungen; sind wir ja doch befreit von aller Vermischung mit der Welt. Darum wollen wir ihm in aller Hingabe eine reine Seele, einen geheiligten Leib und lautere Liebe darbringen."

Nach diesen Worten fragte er sie: „Wen wollt ihr als Hegumen haben?" Sie wählten einstimmig den Dometian. Aber der große Euthymius wendete dagegen ein: *„Das geht nicht; denn Dometian weilt nach mir nur noch sieben Tage in diesem Leben."* Erschrocken darüber, dass er so freimütig die Zukunft vorherverkündigte, erbaten die Väter nunmehr Elias, den Verwalter des unteren Klosters, einen Mann aus Jericho, zum Hegumen. An diesen wendete sich Euthymius jetzt mit den Worten: *„Siehe, die Väter alle haben dich zu ihrem Vater und Hirten erwählt. Achte also auf dich selbst und auf deine ganze Herde. Das erste, was du wissen musst, ist dies: Gott hat beschlossen, dass diese Laura in ein Zönobium umgewandelt wird; das wird nicht mehr lange dauern."*

Darauf ordnete er an, an welcher Stelle das Zönobium erbaut werden sollte, gab Bestimmungen über seine Verfassung, über die Aufnahme von Gästen und die eifrige Pflege des Psalmengebetes. Auch dürfe Elias die Brüder nicht vernachlässigen, wenn sie in innerer Not seinen, vor allem nicht solche, die von ihren Gedanken beschwert würden, sondern er müsse sie allezeit aufrütteln und ermahnen.

Soviel sagte er zu dem Mönch, der zum Hegumen vorgeschlagen worden war. Dann sprach er mahnend zu allen: *„Meine lieben Brüder, verschließt das Tor des Zönobiums, das gegründet werden soll, vor keinem Menschen, und Gott wird euch seinen Segen schenken. Bewahrt meine Gebote unversehrt; und wenn ich nach meinem Heimgang vor Gott die Freiheit der Rede habe, dann will ich als erstes von ihm erbitten, dass ich bis in Ewigkeit im Geiste bei euch und bei denen sein darf, die nach euch kommen."*

Nach diesen Worten entließ er alle bis auf Dometian allein. Die nächsten drei Tage blieb er im Diakonikon; in der Nacht des Samstag entschlief er und „wurde zu seinen Vätern versammelt, alt und gesättigt an Tagen" (Gen 25,8).

Als der große Euthymius in Christus vollendet wurde, sah der selige Gerasimus, wie seine Seele von Engeln geleitet und in den Himmel empor geführt wurde.

Severin von Norikum[28]

Am 5. Januar befiel den Heiligen ein leichter Schmerz in der Seite. Da dieser drei Tage lang anhielt, ließ Severin mitten in der Nacht die Brüder zu sich kommen, gab ihnen Anweisungen wegen seines Leichnams und stärkte sie durch väterlichen Zuspruch. Eindringlich richtete er die wunderbaren Worte an sie: *„Meine lieben Söhne in Christus, ihr wisst, als der heilige Jakob aus diesem Leben schied, weil seine Stunde gekommen war, ließ er seine Söhne zu sich kommen. Über jeden einzelnen von ihnen sprach er einen prophetischen Segen und verkündete ihnen die Geheimnisse voraus, die noch in der Zukunft verborgen lagen. Wir freilich sind viel zu schwach und lau und können uns mit seiner tiefen Frömmigkeit zu wenig vergleichen, als dass wir es wagen dürften, für unsere Kräfte ein gleiches Vorrecht in Anspruch zu nehmen. Nur eines möchte ich nicht verschweigen; denn es lässt sich mit der Demut in Einklang bringen. Ich weise euch auf das Beispiel der Alten hin; schaut auf deren Ende und ahmt den Glauben nach, den sie durch ihren Wandel bezeugten. Als Abraham vom Herrn gerufen wurde, gehorchte er im Glauben dem Befehl, an den Ort auszuziehen, den er zum Besitz erhalten sollte; und er zog aus, ohne zu wissen, wohin er kommen würde. Ahmt also den Glauben dieses Patriarchen und seine Heiligkeit nach; verachtet das Irdische, sucht allzeit das himmlische Vaterland. Ich habe das feste Vertrauen, dass Gott mir um euretwillen ewigen Lohn schenken wird; denn ich sehe, dass ihr meine Freude durch den glühenden Eifer eures Herzens groß und weit gemacht habt. Ihr liebt die Gerechtigkeit und die Bruderliebe, ihr müht euch um die Lauterkeit und wahrt die Grundregel der Demut. Das alles kann ich getrost loben und billigen, soweit es eben dem Menschenblick erkennbar ist. Doch betet, dass das, was in den Augen der Menschen würdig ist, auch vor dem prüfenden Gericht des ewigen Gottes Bestand habe; denn Gott sieht nicht, wie die Menschen es tun. Gott erforscht, wie die Heilige Schrift sagt,* ‚die Herzen' aller und kommt allen Gedanken der Herzen zuvor (vgl. Röm 8,27). *Setzt also in beständigem Gebet eure Hoffnung darauf, dass Gott die Augen eures Herzens erleuchte und öffne, wie es der heilige Elisäus*

28 *Severin*, hl., Mönch unbekannter Herkunft (wahrscheinlich Orientale), wirkte bis zu seinem Tod (8. Jan. 482) als Apostel unter den germanischen Stämmen in Norikum.

von ihm erbat, damit ihr erkennen könnt, wie viel Heilige uns helfend umringen, wie viele Hilfen für die Gläubigen bereitstehen. Unser Gott ist ja allen nahe, die zu ihm flehen. Nie darf bei den Streitern Gottes das beständige Gebet fehlen; keiner sei sich zu gut, Buße zu tun, der sich nicht geschämt hat zu sündigen. Weint ohne Säumen über die Sünder; vielleicht lässt der beleidigte Gott sich durch eure Tränen versöhnen; er hat ja in seiner Herablassung gesagt, dass ein zerknirschter Geist ein Opfer vor ihm sei. Seien wir also von Herzen demütig und ruhigen Sinnes, meiden wir alle Vergehen und bleiben wir immer der göttlichen Gebote eingedenk. Wir müssen wissen, dass uns das demütige Kleid, der Name Mönch, die Zugehörigkeit zum Ordensstand und der äußere Schein der Frömmigkeit gar nichts nützen, wenn es sich herausstellt, dass wir in der Beobachtung der Gebote säumig waren. Unser Wandel, meine geliebten Söhne, muss mit unserem Mönchsgelöbnis übereinstimmen. Selbst für Menschen, die in der Welt leben, ist es ein großer Frevel, sich den Sünden hinzugeben; um wie viel mehr für Mönche, die vor den Annehmlichkeiten der Welt geflohen sind wie vor einem wilden Tier, die Christus allen sinnlichen Freuden vorgezogen haben, und deren bloßes Dasein, ja deren Kleid allein schon ihr heiliges Leben verbürgen sollte! Doch was soll ich euch noch länger mit meiner Rede aufhalten, meine lieben Söhne? Ich will euch zum Schluss nur noch das letzte Gebet des Apostels mit auf den Weg geben: ‚Und nun empfehle ich euch Gott und dem Wort seiner Gnade; er ist mächtig, euch zu behüten und euch das Erbe zu geben unter allen Heiligen‘ (Apg 20,32). Sein ist die Herrlichkeit in alle Ewigkeit. Amen.“

Nach diesen anspornenden Worten ließ der Heilige uns alle einzeln zum Friedenskuss zu sich kommen, empfing die heilige Kommunion, verwies uns noch einmal energisch, über ihn zu weinen, und bezeichnete seinen ganzen Leib mit ausgestreckter Hand mit dem Kreuzzeichen. Dann befahl er uns, Psalmen zu singen. Da wir vor Kummer zögerten, stimmte er selbst den Gesang des Psalms an: „Lobt Gott in seinen Heiligen! Alles, was Odem hat, lobe den Herrn“ (Ps 150,1.6). Bei diesem Vers – die Unseren konnten kaum antworten – entschlief er im Herrn. Es war der 8. Januar.

Daniel Stylites[29]

Anlässlich einer früheren Erkrankung des Heiligen, bei der man mit seinem Hinscheiden rechnete, hatten Kaiser Anastasius und seine Gemahlin Ariadne sich in heiligem Eifer dafür eingesetzt, sein Andenken zu ehren. Sie ließen einen riesigen Sarg aus kostbarem Stein und edlem Metall kommen, den die Besucher bis auf den heutigen Tag noch dicht bei der ehrwürdigen Mandra sehen können, ein prachtvolles Schaustück von unschätzbarem Wert. Auch alles andere, was zur Bestattung nötig war, hatten sie großzügig herbeischaffen lassen ...

Als der Diener Gottes nach seiner Genesung von der tatkräftigen Liebe der beiden Guten zu dem Heiligen erfuhr, meinte er, das sei ja wirklich alles großartig, ihres Gottesglaubens würdig und wohl dazu angetan, die Huld von oben auf sie herabzurufen, aber ihm, Daniel, stünde die steinerne, so überaus kostbare Ruhestätte nicht an. Ihn verlange einzig und allein nach der Erde, dem göttlichen Gebot entsprechend: „Erde bist du, und zur Erde wirst du zurückkehren“ (Gen 3,19). Das königliche Paar dürfe von Gott eine alles Maß übersteigende Vergeltung erwarten, er selbst aber wolle ganz tief in die Erde hinab gebettet werden; und über ihm sollten die Gebeine heiliger Märtyrer ruhen. Wenn dann jemand voll Glauben zu seinem Grab kommen wolle, werde dieser die Heiligen verehren und von ihnen den Lohn für alles Gute erhalten, ihn selbst aber, Daniel, der Verdammnis entreißen.

So haben wir es seiner Bitte nach auch gehalten, als er zum zweiten Mal erkrankte und diesmal wirklich hinüberging. Über seinem verehrungswürdigen Sarg liegen die Reliquien der hochheiligen drei Jünglinge Anania, Azaria und Misael. Der Kaiser Leo frommen Andenkens hatte sie noch zu Lebzeiten des Heiligen aus Babylon holen lassen; beigesetzt hat sie der Hochwürdigste Erzbischof der Kaiserstadt, Euphemius, der seinerseits an Eifer, den Heiligen zu ehren, alle anderen übertraf, so dass uns die Trennung von unserem seligen berühmten Vater gar nicht zum Bewusstsein kam ...

29 *Daniel Stylites*, hl. (409–493), Säulensteher seit 460 bei Anaplus in der Nähe von Konstantinopel. Sein Biograph (anonym) war sein Schüler und berichtet weitgehend als Augenzeuge.

Dem heiligen Mann war die Gnadengabe der Vorausschau in so hohem Grade geschenkt, dass er uns drei Monate vor seinem Tode vorhersagte, er werde innerhalb dieser kurzen Frist sterben und zum Herrn heimkehren. Von da an sprach er mit denen, die zu ihm kamen, nicht mehr nur von der Gegenwart, sondern er sah auch die Zukunft voraus, kündete sie ihnen an und stärkte sie dazu mit Worten guten Zuspruchs...

Sieben Tage vor seinem Heimgang berief der Heilige die ganze Gemeinde der Brüder zu sich, vom kleinsten bis zum größten, so dass einige von ihnen ganz nahe bei ihm oben auf der Spitze der Leiter zu stehen kamen und seine Worte hören konnten. Als er sah, dass alle da waren, sprach er: *„Meine Kinder und Brüder! Seht, ich gehe jetzt zu unserem Herrn und Kyrios Jesus Christus. Der Gott, der das All durch sein Wort und seine Weisheit erschaffen hat, den Himmel, die Erde und das Meer samt allem, was darinnen ist, der das Menschengeschlecht aus dem Nichtsein in das Sein geführt, er, der für die Engel furchtbar und zu den Menschen gütig ist, hat die Himmel geneigt und ist auf die Erde hernieder gestiegen. Wie Regen auf das Vlies, so kam er auf die heilige Jungfrau und Gottesgebärerin Maria herab; aus ihr wollte er Fleisch annehmen – er allein weiß, wie das geschah! – und sichtbar auf Erden erscheinen. Er hat die Sünde der Welt hinweggenommen und für uns gelitten, hat mit seinen Striemen am Kreuz unsere Seelenwunden geheilt und den Schuldschein, der gegen uns zeugte, an das Holz des Kreuzes genagelt. Dieser selbe Gott wird auch euch stärken und vor dem Bösen sicher behüten; er wird euren Glauben an ihn unerschütterlich und fest bewahren, wenn ihr in Eintracht und vollkommener Liebe bis zu eurem letzten Atemzug beieinander ausharrt. Er gebe euch die Gnade, ihm ohne Tadel zu dienen und in Demut und Gehorsam ein Leib und ein Pneuma zu sein. Vernachlässigt die Gastfreundschaft nicht! Trennt euch niemals von eurer heiligen Mutter, der Kirche; meidet alle Ärgernisse und das Unkraut der Irrlehrer, der Feinde Christi, auf dass ihr vollkommen werdet, wie auch euer himmlischer Vater vollkommen ist! Seht, ich nehme Abschied von euch, meine geliebten Kinder, und grüße euch alle in väterlicher Liebe. Der Kyrios wird mit euch sein."*

Diese Abschiedsbotschaft ließ Daniel den Brüdern von denen, die nahe bei ihm standen und die Worte vernommen hatten, vorlesen. Er selbst lag nämlich. Als dies geschehen war und die Brüder das Gebet und die Abschiedsworte des heiligen Vaters gehört hatten, brachen sie in lautes Klagen und Weinen aus, so dass es klang wie das Rollen des Donners. Da betete der Heilige noch einmal über uns und entließ uns mit den Worten, wir sollten nicht kleinmütig sein, sondern es tapfer tragen. *„Aber gedenkt meiner in euren Gebeten!“*

Von dieser Stunde an strömte wie auf Antrieb der göttlichen Vorsehung die Masse der Gläubigen ganz von selbst zusammen. Sie wichen nicht aus der Mandra des Heiligen, bis Euphemius, der Hochwürdigste Herr Erzbischof der Kaiserstadt, eingetroffen war. Dieser stieg hinauf, sah nach und verkündete dann, oben auf der Leiter stehend, allem Volk: *„Noch lebt der Heilige, noch weilt er unter uns. Verliert also den Mut nicht! Sein heiliger Leib kann nicht begraben werden, ehe es jedem einzelnen und an allen Orten den heiligen Kirchen mitgeteilt worden ist.“* So kam es dann auch.

Doch ich darf ein besonders bedeutsames und erstaunliches Ereignis nicht übergehen. Drei Tage, bevor er entschlief, wurde Daniel gewürdigt, mitten in der Nacht alle diejenigen auf einmal zu schauen, die Gottes Wohlgefallen gefunden hatten. Sie kamen und begrüßten ihn und forderten ihn auf, das göttliche, hochheilige Opfer zu feiern. Die zwei Brüder, die neben ihm standen, durften die Worte hören und die gewohnten Antworten geben. Sobald Daniel die göttliche Liturgie vollzogen hatte, wachte er aus der Ekstase auf, kam wieder zu sich und verlangte, man möge ihm die heilige Kommunion reichen. Das geschah, und er selbst kommunizierte zuerst. Danach empfingen auch wir alle zu dieser mitternächtlichen Stunde die heiligen Mysterien; denn er hatte ja das heilige Opfer vollzogen. Dann verabschiedete er sich von der Menge, die sich bei ihm befand, und trug den umstehenden Brüdern auf, unablässig Weihrauch auf die Räucherschale zu legen.

Als die Stunde seines heiligen Hinscheidens gekommen war, schrie ein Mann, der von einem bösen Geist besessen war, plötzlich vor allem Volke laut auf und verkündete, dass die Heiligen bei dem Seligen zugegen seien. Er nannte jeden einzelnen von ihnen mit Namen und rief: *„Großes Frohlocken herrscht im Himmel zu dieser Stunde; denn die heiligen Engel, die gekommen sind, den Seligen mit sich zu nehmen, und alle die anderen ehrwürdigen, ruhmreichen Mächte der Propheten, Apostel, Mär-*

tyrer und Seligen treiben mich mit Geißelschlägen aus diesem Gezelt aus; morgen um die dritte Stunde wird das sein. Wenn der Selige in den Himmel einzieht und sein heiliger Leichnam bestattet wird, fahre ich aus."

So geschah es. Unser berühmter Vater Daniel starb am Tage darauf; es war an einem Samstag um die dritte Stunde, in der zweiten Indiktion, am 11. Dezember. Bei seinem Hinscheiden wirkte er an dem Manne das Wunder der Befreiung von dem unreinen Geist.

Sabas[30]

Als der große Glaubenskämpfer Sabas seinen Dienst an der Christenheit vollendet hatte, kam er wieder nach Jerusalem und wurde dort vom Patriarchen voll Freude aufgenommen. Er verehrte die heiligen Stätten, gerade als wenn er sich von ihnen verabschieden wolle, und kehrte dann in seine Große Laura zurück. Kurz darauf erkrankte er. Als der Hochwürdigste Bischof Petrus davon erfuhr, kam er herab, um den Kranken zu besuchen, und da er sah, dass dieser in seinem Kellion weiter nichts als ein bisschen Hülsenfrüchte und ein paar alte Datteln hatte, ließ er ihn auf einem Tragbett ins Bischofshaus bringen. Dort sorgte er für ihn und bediente ihn eigenhändig.

Wenige Tage darauf zeigte ein Gesicht unserem Vater Sabas an, dass er nach ein paar Tagen heimgehen werde. Der Heilige machte dem Bischof von seiner Vision Mitteilung und bat, er möge ihn in seine Laura zurückkehren lassen, damit er sein Leben in seinem Kellion beschließen könne. Der Erzbischof, der ihm auf alle Weise helfen wollte, sandte ihn in seine Laura zurück mit der ihm nötigen Pflege. So legte sich der Greis daheim zu Bett. Anfang Dezember ließ er die Väter der Laura zu sich kommen und gab ihnen Melitas, einen Mönch aus Berytus, zum Hegumen, mahnte ihn, die überkommenen Traditionen in den ihm unterstellten Klöstern unverletzt zu bewahren, und gab ihm diese auch schriftlich. Danach lebte der Heilige noch vier Tage, ohne irgend etwas zu sich zu nehmen oder mit jemandem zu verkehren; „am Abend des Sabbats aber, als der erste Tag der Woche heraufdämmerte“ (Mt 28,1), verlangte er nach der Kommunion, und nachdem er kommuniziert und ein letztes Mal gesprochen hatte: „Kyrios, in deine Hände übergebe ich mein Pneuma“ (Ps 30,6), hauchte er seine Seele aus. ...

Sein ehrwürdiger Leichnam wurde in der Großen Laura mitten zwischen den beiden Kirchen beigesetzt, dort, wo er einst die Feuersäu-

30 *Sabas*, hl., (439–532), Euthymiusschüler, Begründer zahlreicher Klöster, seit 493 Archimandrit aller Einsiedlerklöster Palästinas. Kyrill verdankt dem greisen Sabas den ersten Anstoß zum klösterlichen Leben.

le geschaut hatte. Der Heilige aber ist nicht gestorben, sondern er schläft nur, weil er ein Leben ohne Fehl geführt und Wohlgefallen gefunden hat bei Gott. Es steht ja geschrieben: „Die Seelen der Gerechten sind in Gottes Hand, und der Tod rührt sie nicht an" (Weish 3,1). Ja auch sein Leib ist heil und unzerfallen erhalten geblieben bis auf den heutigen Tag. Ich habe ihn mit eigenen Augen gesehen in der abgelaufenen zehnten Indiktion. Denn als das ehrwürdige Grabmal geöffnet wurde, um die sterblichen Reste des seligen Cassian darin beizusetzen, stieg ich hinab, um den Leib des heiligen Greises zu verehren; da fand ich ihn heil und unzerfallen erhalten. Voll Staunen pries ich Gott, der seinen Diener verherrlicht und der Unverweslichkeit gewürdigt hat schon vor der allgemeinen Auferstehung.

Benedikt von Nursia[31]

In dem Jahre, in dem der heilige Benedikt aus diesem Leben scheiden sollte, sagte er einigen Jüngern, die bei ihm lebten, und einigen, die in der Ferne weilten, den Tag seines heiligen Todes voraus. Den Anwesenden gebot er, über das Gehörte Schweigen zu wahren; den Abwesenden gab er an, welches Zeichen sie erhalten sollten, wenn seine Seele vom Leibe scheide. Sechs Tage vor seinem Heimgang ließ er sich sein Grab öffnen. Bald darauf befiel ihn ein Fieber, dessen heftige Glut seine Kräfte verzehrte. Da sich die Krankheit von Tag zu Tag verschlimmerte, ließ er sich am sechsten Tag von seinen Schülern ins Oratorium tragen. Hier stärkte er sich für seinen Heimgang durch den Empfang des Herrenleibes und Herrenblutes. Die schwachen Glieder auf die Hände der Jünger gestützt und die Hände zum Himmel erhoben, so stand er da und hauchte unter Worten des Gebets den letzten Atem aus.

Am selben Tag hatten zwei seiner Mönche, der eine in seiner Zelle, der andere in weiter Ferne, genau die gleiche Erscheinung: Sie sahen, wie sich eine mit Teppichen belegte und von unzähligen Lampen erleuchtete Straße geradewegs von seiner Zelle gegen Sonnenaufgang bis zum Himmel hinaufzog. Hoch oben stand in hellem Glanz ein Mann in ehrfurchtgebietender Haltung und fragte sie, wessen Weg das wohl sei. Die beiden bekannten, sie wüssten es nicht. Darauf sagte der Fremde: *„Dies ist der Weg, auf dem Benedikt, der Liebling Gottes, zum Himmel hinaufgestiegen ist.“*

31 *Benedikt*, hl., geboren um 480 in Nursia/Umbrien, Gründer des Benediktinerordens, Ausbreitung des Mönchtums über das ganze Abendland, zum Patron Europas ernannt. Er starb am 21. März 547. Von ihm erfahren wir aus dem II. Buch der Dialoge Gregors des Großen.

Die Psalmensängerin Maria[32]

Wir beide, Abbas Johannes Hesychastes und ich, gingen einst durch die Wüste. Da zeigte mir Johannes eine Stelle und sagte, dies sei das Grab der seligen Maria. Ich bat ihn verwundert, er möge mir doch einiges von ihr erzählen.

So begann er: „*Vor einiger Zeit ging ich mit meinem Mitbruder Abbas Parammon zum Abbas Cyriakus. Unterwegs erblickten wir von weitem so etwas wie einen Menschen, der bei einer wilden Tamariske stand. Wir dachten, es sei einer der dortigen Einsiedler – denn es gab damals in jener Gegend viele Anachoreten –, und beeilten uns, ihn ehrfurchtsvoll zu begrüßen. Doch als wir uns der Stelle näherten, war jener verschwunden. Voll Furcht und Schrecken fingen wir an zu beten, da wir dachten, es sei ein böser Geist gewesen. Nachdem wir das Amen gesprochen hatten, schauten wir uns nach allen Seiten um und fanden eine unterirdische Höhle; wir vermuteten deshalb, der wahre Diener Gottes habe sich darein zurückgezogen, um sich vor uns zu verstecken. Wir traten vor die Höhle und baten, ja beschworen ihn: ‚Vater, enthalte uns deine Gebete und deine gute Gesellschaft nicht vor!‘ Da kam widerwillig die Antwort: ‚Was wollt ihr von mir? Ich bin ein Weib!‘ Und sie fügte die Frage hinzu: ‚Wo geht ihr hin?‘ Wir antworteten: ‚Wir sind auf dem Wege zum Einsiedler Abbas Cyriakus; aber sag uns doch, wie du heißt, wie du lebst und wie du hierher gekommen bist!‘ Doch sie erwiderte: ‚Geht, wenn ihr wiederkommt, will ich es euch sagen.‘ Doch als wir darauf bestanden, wir gingen nicht weg, ehe wir erfahren hätten, was es mit ihr auf sich habe, gab sie schließlich Auskunft: ‚Ich heiße Maria und war Psalmensängerin an der heiligen Auferstehungskirche. Der Teufel aber ließ mich für viele zum Anstoß werden. Da fasste mich die Furcht, ich möchte an solchen Ärgernissen schuldig werden und dadurch eine Sünde auf die andere häufen; darum flehte ich zu Gott, er möge mich vor der Schuld an diesen Ärgernissen bewahren. Eines Tages überkam Zerknirschung mein Herz, und die Furcht Gottes ergriff mich. Da stieg ich hinunter an den heiligen Quell Siloa und schöpfte das Gefäß hier voll Wasser, nahm dieses Körbchen mit eingeweichten*

32 Die hier wiedergegebene Erzählung stellt den historischen Kern der Legende von der Büßerin Maria (gest. um 550) in „Vita Mariae Aegyptiacae“ dar.

Hülsenfrüchten, verließ in der Nacht die Heilige Stadt und vertraute mich Gott an. Er aber geleitete mich hierher, und nun wohne ich hier schon achtzehn Jahre; aber durch Gottes Gnade ist mir weder das Wasser ausgegangen, noch haben die Hülsenfrüchte in meinem Korb abgenommen bis auf diesen Tag. In all der Zeit habe ich keinen Menschen zu Gesicht bekommen außer euch beide heute. Nun aber geht', schloss sie, ,und richtet euren Auftrag aus. Doch auf dem Rückweg schaut noch einmal nach mir!'

Als wir dies alles gehört hatten, gingen wir zu Abbas Cyriakus und erzählten ihm auch von dieser Begebenheit. Der Abbas staunte über unseren Bericht und sagte: , Herrlichkeit dir, Gott, wie viele verborgene Heilige hast du doch! Aber nun geht, Kinder, und tut, was sie euch gesagt hat.' Wir befolgten den Rat des heiligen Greises, gingen wieder zu der Höhle hinab und klopften nach der Weise der Einsiedler an. Da uns niemand antwortete, stiegen wir hinab ins Innere und fanden Maria tot. Nun hatten wir aber nichts, um sie zu begraben, gingen also hinauf zu unserer Laura von Suka, holten dort alles, was wir nötig hatten, machten die Tote zurecht und begruben sie in der Höhle; die Tür versperrten wir mit Steinen."

Diese Begebenheit erzählte mir Abbas Johannes. Ich hielt es für nötig, sie schriftlich zu überliefern, damit sie allen, die sie hören oder lesen, zu Herzen gehe und Christus verherrlicht werde, der denen, die ihn lieben, Geduld verleiht bis zum Ende.

Abt Spes von Campoli[33]

Gott hatte über die Augen des Abtes vierzig Jahre lang das Dunkel ständiger Blindheit gelegt und keinen Schimmer von draußen hineinfallen lassen ... Doch niemals entzog er dem ehrwürdigen Greis das innere Licht, solange er ihn in äußere Finsternis einhüllte ... Nachdem der alte Mönch vierzig Jahre in seiner Blindheit verlebt hatte, gab der Herr ihm das Augenlicht zurück und kündete ihm zugleich seinen nahen Tod an. Vorher aber sollte er, so trug Gott ihm auf, den Klöstern, die er im Umkreis gegründet hatte, das Wort des Lebens verkünden, überall die Brüder aufsuchen und nun, da er das Licht des Leibes zurückerhalten hatte, in ihnen das Licht der Seele entzünden.

Der Abt gehorchte sofort dem Befehl, suchte rings umher die Klöster der Brüder auf und predigte ihnen die Gebote des Lebens, die er selbst durch Übung erlernt hatte. Am fünfzehnten Tag kehrte er nach Abschluss der Predigten in sein Kloster zurück. Dort rief er die Brüder zusammen, empfing stehend in ihrer Mitte das Sakrament des Herrenleibes und Herrenblutes und stimmte unmittelbar danach zusammen mit ihnen die mystischen Gesänge der Psalmen an. Während sie sangen, gab er, ins Gebet versenkt, seine Seele in Gottes Hand zurück.

33 Unbekannter Mönchsvater des 6. Jahrhundert, wird in den Dialogen Gregors des Großen erwähnt.

Amatus, Abt von Remiremont[34]

Ein Jahr vor seinem Tode sagte Amatus einigen Brüdern voraus, dass sein Heimgang nahe sei. Nun war da ein Bruder, den er besonders liebte; diesen ließ er zu sich rufen und sagte zu ihm: *„Du erinnerst dich gewiss, mit welcher Zuneigung und Liebe ich dich von Jugend an aufgezogen habe. Darum bitte ich dich, einen Geheimauftrag, den ich dir gebe, behutsam auszuführen; denn du kannst mir glauben, es ist kein Zweifel, ich werde bald sterben. Nimm dir für das, was du zu tun hast, unseren Priester Castorius als Gehilfen mit und geh in den nahen Wald. Scharrt dort Asche zusammen, macht mir eine härene Matratze, füllt diese mit der Asche und legt sie auf mein Lager; denn ich muss für einige meiner Taten Buße tun, und ich tue es willig. ... Ich habe beschlossen, mein Bekenntnis öffentlich vor allen abzulegen und die legitime Buße auf mich zu nehmen. ...“*

Es geschah, wie er befohlen hatte. Nach wenigen Tagen schon ließ er die Brüder um sich versammeln und bekannte in ihrer Gegenwart, auf Sack und Asche hingestreckt, öffentlich alle Vergehen, deren er sich entsann. Während er diese Buße vollzog, litt er schon an Unpässlichkeit und wurde von beständigen Schmerzen gequält. Aber der Heilige erkannte, dass die Zeit der Reinigung von seinen Sünden gekommen sei und frohlockte deshalb in seinen Schmerzen. Immer waren einige zugegen, die vor ihm die Heilige Schrift lasen. Denn die Brüder kamen scharenweise, um ein Wort des Heils von ihm zu hören. Wenn die einen belehrt gingen, kamen andere, um sich belehren zu lassen. Ebenso kamen auch die Mägde Gottes zu passenden Stunden in hellen Mengen und erhielten von ihm reiche Belehrung über das künftige Leben. Nachdem er fast ein Jahr lang so mit seinen kranken Gliedern unter ständigem Gebet bei Tag und Nacht auf Sack und Asche gelegen hatte, waren Haut und Fleisch eingeschrumpft, und das pure Knochengerüst trat zutage. Aber seine Stimme war immer unter Tränen bei Christus.

So kam der letzte Tag, voll Freude für seine Seele, aber bitter den Brüdern und Schwestern ... Sobald es aufs Ende zuging, bat er einen

34 *Amatus*, hl., erster Abt des vom hl. Romarich um 620 gegründeten Doppelklosters Remiremont in den Vogesen. Gestorben am 13. September 637.

Bruder: „*Bring mir den Brief des Papstes Leo an Flavian; denn er enthält den vollkommensten Abriss des katholischen Glaubens.*" *Der Brief wurde gebracht und vor ihm verlesen. Während des Lesens unterbrach der Heilige: „So glaube ich, unaussprechliche Dreieinigkeit; so bekenne ich, allmächtiger Gott; so denke ich von dir, Sohn Gottes, Jesus Christus, der du dich um unseres Heiles willen herabgelassen hast, in diese Welt zu kommen; diese Erkenntnis habe ich von dir gewonnen, ewiger Gott, Heiliger Geist: Einen Gott bekenne ich in der Dreiheit, den Dreifaltigen in der Einheit; so bin ich über deine Menschheit belehrt, gütigster Christus."* –

Was soll ich noch mehr berichten? An jeden Satz knüpfte der Heilige sein eigenes Bekenntnis und bezeugte so in allen Stücken seine Rechtgläubigkeit.

Schließlich befahl er noch, da er sich in seiner tiefen Demut für unwürdig hielt, innerhalb der Basilika beerdigt zu werden, man möge seine Gruft am Eingang zur Basilika der heiligen Maria anlegen. Darüber ließ er folgende, von ihm selbst verfasste Inschrift setzen: „*Mann Gottes, der du diese heilige Stätte betrittst, um zu beten; wenn deine Bitten Erhörung finden, erflehe die Barmherzigkeit Gottes für die Seele des hier begrabenen Büßers Amatus. Was meine Schwachheit mit ihrer lauen Buße für meine Sünden nicht erlangen konnte, das möge euer aller Liebe erreichen, wenn sie inständig Gottes Barmherzigkeit erfleht.*" Die Brüder und Schwestern hatten sich versammelt und erwarteten trauernd den Heimgang des Heiligen. Sie lasen an seinem Lager die Evangelien und sangen Psalmen und Hymnen. Unter ihren Gebeten bat er noch einmal alle um Verzeihung und sagte ihnen Lebewohl. So verschied er.

Aus der „Paradiesesleiter" des Johannes Klimakus[35]

Ein Mönch namens **Stephanus** hatte das Leben als Eremit und Hesychast ergriffen und lange Jahre in der mönchischen Kampfbahn gestritten ... Am Tage vor seinem Hinscheiden wurde er im Geiste entrückt. Mit offenen Augen schaute er um sich, bald zur Rechten seines Bettes, bald zur Linken. Als wenn jemand ihn zur Rechenschaft zöge, sagte er, und zwar so, dass alle Umstehenden es hören konnten: *„Ja, das ist wirklich wahr; aber ich habe um dessentwillen viele Jahre gefastet"*; dann: *„Nein, da lügt ihr, das habe ich nicht getan"*; und wieder: *„Ja, das ist wahr, ja; aber ich habe es durch Weinen und Dienen getilgt"*; und dann: *„Nein, ihr klagt mich fälschlich an."* Einmal aber sagte er: *„Ja, das ist wahr, ja; darauf weiß ich nichts zu erwidern. Gott ist barmherzig."*

So zur Rechenschaft gezogen, schied er vom Leib; und er gab nicht zu erkennen, wie das Gericht vor sich gegangen war, welchen Ausgang die Sache genommen hatte, wie sein Urteil ausgefallen und welches das Ende der Rechenschaftsablage gewesen war.

35 *Johannes Klimakus*, Mönch auf dem Sinai (gest. 649), verfasste die „Himmelsleiter" (Scala Paradisi): In 30 Kapiteln, welche die Stufen der Leiter darstellen sollen, werden die Laster und Tugenden aufgeführt, die der Mönch meiden und erwerben muss, um zu seinem Ziel aufzusteigen, der Liebe zu Gott in innerer und äußerer Ruhe.

Alkuin[36]

Von dem innigen Verlangen erfüllt, aufgelöst zu werden und bei Christus zu sein, betete Alkuin aus ganzem Herzen darum, wenn es möglich sei, an dem Tag aus dieser Welt scheiden zu dürfen, an dem der Heilige Geist in Feuerzungen sichtbar auf die Apostel herabkam und ihre Herzen erfüllte. Allabendlich hielt er für sich allein ein Offizium an der Stelle, die er sich als Ruhestätte nach seinem Tod ausgesucht hatte, neben der Kirche des heiligen Martin. Er sang den Lobgesang Mariens aus dem Evangelium mit der Antiphon: „Du Schlüssel Davids und Zepter des Hauses Israel, der du öffnest, und niemand schließt, der du schließt, und niemand öffnet: Komm und führe den Gefangenen aus seiner Kerkerhaft, in der er sitzt in Finsternis und Todesschatten.“ Nach dem Herrengebet sprach er die Verse: „Wie der Hirsch nach der Wasserquelle“ usw. „Wie lieb sind deine Zelte, Herr der Heerscharen! Selig, die in deinem Hause wohnen“ usw. „Zu dir habe ich meine Augen erhoben. Eines erbitte ich vom Herrn.“ – „Zu dir habe ich meine Seele erhoben“ und andere Verse dieser Art.

Die Zeit der Quadragesima feierte er, wie er es gewohnt war, so würdig wie möglich, mit Zerknirschung des Leibes und der Seele und bestrebt, in Reinheit zu wandeln. Allnächtlich besuchte er sämtliche Basiliken, die innerhalb des St.-Martins-Klosters liegen, und wusch sich unter vielen Seufzern von seinen Sünden rein. In der Festzeit, da die Auferstehung des Herrn gefeiert wurde, in der Nacht vor Christi Himmelfahrt, wurde er bettlägerig. Eine schwere Krankheit brachte ihn an den Rand des Grabes, und er konnte nicht mehr sprechen. Aber drei Tage vor seinem Hinscheiden sang er noch einmal frohlockend die gewohnte Antiphon: „Du Schlüssel Davids ...“ und die Verse, von denen wir oben sprachen. Am Pfingsttag, nach Beendigung des Morgenoffiziums, genau zu der Stunde, zu der er immer seinen Einzug zur Messe gehalten hatte, beim Aufgang der Morgenröte, wurde die heilige

36 *Alkuin*, sel., (etwa 730–804), geborener Angelsachse, Benediktinermönch, Diakon, wegen seiner Gelehrsamkeit von Karl dem Großen ins Frankenreich gerufen, seit 796 Abt zu St. Martin in Tours; als Lehrer des Abendlandes von großer Bedeutung.

Seele Alkuins vom Fleische erlöst und unter dem Geleit der himmlischen Leviten, die in ihren Reihen den seligen Erzmartyrer Stephanus und den Erzdiakon Laurentius hatten, und der Heerschar der Engel zu Christus geführt, den er geliebt und gesucht hatte. Nun genießt er im Himmel selig durch alle Äonen die Glorie dessen, dem er in der Welt in Treue gedient hatte.

Ansgar, Bischof von Hamburg-Bremen[37]

Schon drei Monate lang litt der Bischof an einer schweren Krankheit, und das Fest der Erscheinung des Herrn war vorübergegangen. Da stieg in ihm der Wunsch auf, am Fest Maria Reinigung zur Gnade des Herrn hinübergehen zu dürfen. Als daher das Fest herannahte, ließ er für den Klerus und die Armen ein Festmahl richten, das sie an diesem hochheiligen Tag halten sollten. Auch ließ er aus der für ihn persönlich bestimmten Kerze drei große Kerzen herstellen. Diese ließ er sich am Vigiltag des Festes bringen und befahl, eine von ihnen vor dem Altar der heiligen Maria anzuzünden, die zweite vor dem Altar des heiligen Petrus und die dritte vor dem des heiligen Johannes des Täufers, in dem Wunsch, dass diese drei ihn beim Verlassen des Leibes in Empfang nehmen möchten. ... Im übrigen aber war er von der Krankheit so geschwächt und aufgerieben, dass an seinem Körper beinahe nichts mehr war als Haut und Knochen. Trotzdem übte er sich unentwegt im Lob Gottes. In der Morgenfrühe des Festtages feierten alle anwesenden Priester, wie sie es täglich zu tun pflegten, die Messe für ihn. Er selbst gab dabei an, welche Ansprache an das Volk gehalten werden solle; auch wollte er nichts zu sich nehmen, ehe das Hochamt beendet sei. Danach aß und trank er ein wenig und bemühte sich den ganzen Tag, die Seinen mit großer Wärme zu ermahnen und sie, bald alle zusammen, bald jeden einzelnen für sich, so gut er nur konnte, für den göttlichen Dienst zu begeistern. Am meisten aber lag ihm die Sorge um seine Aufgabe als Legat in der Heidenmission am Herzen. Unter solchen Ermahnungen verbrachte er auch noch die folgende Nacht.

Als die anwesenden Brüder die Litanei beteten und der Sitte gemäß für ihn die Sterbepsalmen sangen, forderte er sie selbst noch auf, auch den Hymnus zum Lob Gottes, das *Te Deum laudamus*, zusammen zu singen sowie das Athanasianische Glaubensbekenntnis. Bei Tages-

37 *Ansgar*, hl., Mönch von Corbie, dann Korvey, seit 826 Missionar in den nordischen Ländern, 831 Erzbischof von Hamburg (später auch von Bremen) und päpstlicher Legat für die nordischen Gebiete. Er starb am 3. Februar 865. Sein Biograph Rembert wurde Ansgars Nachfolger.

anbruch feierten wieder alle anwesenden Priester die heilige Messe für ihn. Nachdem der Sterbende den Herrenleib und das Herrenblut empfangen hatte, betete er mit erhobenen Händen, wenn sich jemand gegen ihn versündigt habe, möge die göttliche Vaterhuld es ihm verzeihen. Dann fing er an, immer wieder die Verse zu wiederholen: „Nach deiner Barmherzigkeit gedenke meiner um deiner Güte willen, Herr" (Ps 24,7); und: „Gott, sei mir Sünder gnädig!" (Lk 18,13); und: „In deine Hände, Herr, befehle ich meinen Geist" (Ps 30,6).

Nachdem er diese Verse selbst öfter wiederholt hatte, schließlich aber nicht mehr weiter konnte, da sein Atem immer kürzer ging, bat er einen der Brüder, dieselben Verse an seiner statt immer wieder zu singen. So hauchte er, die Augen zum Himmel gerichtet, seinen der Gnade Gottes empfohlenen Geist aus.

Anselm von Canterbury[38]

Drei Jahre waren vergangen, seit Anselm durch König Heinrich von seinem zweiten Exil zurückgerufen worden war, da wurden dem Heiligen, der schon länger leidend war, alle Speisen, die der menschlichen Natur zur Nahrung und Erhaltung dienen, widerwärtig. Er aß freilich trotzdem und tat seiner Natur Gewalt an, weil er wusste, dass er ohne Speise nicht leben konnte. So fristete er noch etwa ein halbes Jahr lang mühsam sein Leben, so gut es eben ging. Seine Körperkräfte nahmen allmählich ab; aber in seiner geistigen Widerstandskraft blieb er sich immer gleich. Stark im Geist, nur dem Fleisch nach allzu hinfällig, konnte er nicht mehr zu Fuß ins Oratorium kommen. Da er jedoch der Konsekration des Herrenleibes, den er mit einer ganz besonderen Andacht verehrte, beizuwohnen wünschte, ließ er sich alle Tage in einem Sessel dorthin tragen. Das strengte ihn sehr an; darum versuchten wir, die wir ihm dienten, ihn davon abzubringen, konnten jedoch erst fünf Tage vor seinem Hinscheiden mit Mühe und Not unseren Willen durchsetzen. Von da an lag er fest zu Bett, ermahnte aber, so schwer ihm auch das Sprechen fiel, doch jeden, der zu ihm kommen durfte, in seinem Stand für Gott zu leben. Der Palmsonntag war herangekommen, und wir saßen wie gewöhnlich um ihn herum. Da sagte einer von uns zu ihm:

„Hochwürdiger Vater, wie wir gehört haben, willst du diese Welt verlassen und an die österliche Kurie deines Herrn gehen." Der Kranke entgegnete: „Ja, wenn es so sein Wille ist, gehorche ich ihm gern. Wenn es ihm aber lieber sein sollte, dass ich wenigstens noch so lange bei euch bleibe, bis ich die Untersuchung über den Ursprung der Seele, die ich mit mir herumtrage, vollenden kann, würde ich es dankbar annehmen, weil ich nicht weiß, ob jemand nach meinem Tode diese Frage lösen wird. Wenn ich nur essen könnte, hätte ich Hoffnung, wieder gesund zu werden. Mir tut nirgends etwas weh; nur der Magen will nicht mehr so recht, weil er keine Speise mehr aufnehmen kann. Und so komme ich ganz von Kräften."

38 *Anselm*, hl., Kirchenlehrer, lebte von 1033/34 bis 1109, Schüler Lanfranks, Mönch und seit 1078 Abt von Bec, seit 1093 Erzbischof von Canterbury, der „Vater der Scholastik" genannt.

Als dann am Abend des Dienstag, als er selbst schon nicht mehr verständlich sprechen konnte, Bischof Radulph von Rochester ihn bat, er möge uns Anwesenden und seinen übrigen Söhnen, dem König und der Königin mit ihren Kindern sowie allem Volk, das im Gehorsam gegen ihn Gott gedient hatte, seine Lossprechung und seinen Segen spenden, hob er die Rechte, als wenn ihm nichts fehlte, machte das Zeichen des heiligen Kreuzes und setzte sich dann mit gesenktem Haupt wieder nieder. Darauf sang der Konvent der Brüder in der großen Kirche das Morgenlob, und einer von uns Anwesenden nahm das Evangelienbuch und verlas vor dem Sterbenden die Passion die an eben diesem Tage in der Messe zu lesen war. Als er an die Herrenworte kam: „Ihr habt in meinen Anfechtungen bei mir ausgehalten, und ich übergebe euch das Reich, wie mein Vater es mir übergeben hat, dass ihr esset und trinket an meinem Tisch in meinem Reich" (Lk 22,28 f.), begann der Atem des Kranken langsamer zu gehen. Daran merkten wir, dass er dem Verscheiden nahe war, hoben ihn aus dem Bett und legten ihn auf Sack und Asche nieder. Während die ganze Schar seiner Söhne um ihn vereint war, gab er den letzten Atemzug in die Hände des Schöpfers und entschlief in Frieden. Er ging hinüber, als eben die Morgenröte des Mittwoch vor dem Gründonnerstag aufging, am 21. April des Jahres 1109 nach der Menschwerdung unseres Herrn, im 16. Jahre seines Pontifikates und im 76. seines Lebens.

Namensregister

dieser Reihe sind bereits erschienen:

nd 1:
abriel Bunge OSB
f den Spuren der Heiligen Väter
Seiten, € 9,90 ISBN 978-3-87071-136-8

nd 3:
agrios Pontikos
ber die acht Gedanken
Seiten, € 9,90 ISBN 978-3-87071-161-0

nd 4:
ntoine Guillaumont
n den Wurzeln des christlichen Mönchtums
8 Seiten, € 14,90 ISBN 978-3-87071-162-7

nd 5:
rl Suso Frank
ie Selige Synkletike wurde gefragt
Seiten, € 9,90 ISBN 978-3-87071-169-6

nd 6:
abriel Bunge OSB
agrios Pontikos – Der Praktikos
2 Seiten, € 19,90 ISBN 978-3-87071-170-2

Band 7:
Michaela Puzicha OSB
Die heilige Schrift in der Regel Benedikts
168 Seiten, € 13,90 ISBN 978-3-87071-190-0

Band 8:
Jakobus Kaffanke OSB
Höre, mein Sohn! Der Prolog der Regula Benedicti
120 Seiten, € 13,90 ISBN 978-3-87071-191-7

Band 9:
Christoph Joest
Über den geistlichen Kampf
136 Seiten, € 13,90 ISBN 978-3-87071-210-5

Band 10:
Adalbert de Vogüé
Unter Regel und Abt
192 Seiten, € 13,90 ISBN 978-3-87071-211-2

uswahl der weiter geplanten Titel (noch nicht lieferbar):

pophthegmata Patrum – Aussprüche der Väter

chulung des Herzens – 854 geistliche Briefe
chriften des hl. Barsanuphius und des hl. Johannes von Gaza

vagrios Pontikos. Briefe aus der Wüste

istoria monachorum (Lat. Version)

ie Vita Honorati – Hl. Honoratus von Lérins

estellen Sie die Bände einzeln (nur bereits erschienene Bände) oder als Fortsetzungsreihe.
e bekommen dann automatisch jeden neuen Band bequem nach Hause gesandt.

Beuroner Kunstverlag
Abteistraße 2
88631 Beuron
Tel: 07466/17–228
Fax: 07466/17–209
Email:
info@beuroner-kunstverlag.de
Internet:
www.klosterkunst.de